ATTILA ALBERT

ICH MACH DA NICHT MEHR MIT

Wie du dich endlich abgrenzt
und auch mal die anderen leiden lässt

Inhalt

Vorrunde 5
Du bist einfach zu nett und zahlst ständig den Preis dafür. . . . 6
Am liebsten nix wie weg, nur wohin? 7

Aufgewacht im Märchenland 10
Wer einmal hilft, qualifiziert sich bald zum Dauerhelfer 11
Eine Grenze steht für etwas, für das es sich zu kämpfen lohnt . . 13
Den Kontakt abbrechen? Wenn es doch nur so einfach wäre . . 15
Denk zuerst an dich, die anderen sind mit sich
selbst beschäftigt 19

Falsch verbunden! Ich bin nicht das Sorgentelefon 22
Wenn dir die Eltern keinen Raum lassen................ 23
Partnerersatz für Single-Eltern sein? Nie eine gute Idee 26
Ein bisschen Banalität muss jede Beziehung aushalten 28
Am besten zustimmen, dann endet zumindest das
Gejammer...................................... 30

Dir helfen? Du schaffst das schon allein............... 34
Manche Kollegen sind Vollprofis darin, Arbeit abzuschieben . . 35
Einen frustrierenden Bürojob schönreden – warum
eigentlich?..................................... 38
Kollegial zu sein heißt nicht, ständig für andere
einzuspringen 39
Am meisten hilfst du anderen oft, indem du nicht
mehr hilfst 42

Ich kann nicht immer warten, bis ihr bereit seid 46
Zu viel Verantwortung erdrückt langfristig jeden 47
Nicht jede Karriere muss in Hollywood oder im
Silicon Valley enden 50
Wenn etwas »gerade« nicht läuft, geht das meist seit
Jahren so....................................... 54

Ab sofort übernehme ich das Kommando 58
Es kann angenehm sein, wenn ein anderer für dich
entscheidet 60

Mancher Erfolg muss hart erkämpft werden – auch in
der Ehe 62
Pass auf, dass du nicht zu viel Lebenszeit sinnlos investierst... 64

Für euch habe ich schon viel zu viel gemacht............ 69
Aus dem Hotel Mama checken viele nicht gerne freiwillig
wieder aus 70
Wenig schockt Kinder mehr, als wenn Eltern eigene
Wünsche anmelden................................. 73
Wo Rauch ist, kann versteckt ein berufliches Feuer
brennen 75
Fakten schaffen ist wirkungsvoller als immer noch ein
Gespräch.. 76

Wegen dir habe ich mich fast selbst vergessen 81
Der Blick zurück ist verständlich, bringt aber meist nicht
mehr viel.. 82
Unersetzbar in der Firma? So etwas hat es noch nie gegeben .. 85
Wer zu früh zu viel gibt, wird selten dafür belohnt 87
Es könnte sein, dass du tatsächlich unterschätzt wirst 90

Ich habe ein Recht auf meine eigene Meinung............ 93
Viele brauchen nur jemanden, der ihnen zuhört 94
Am angenehmsten ist eine Meinung, die eine Variante
der eigenen ist..................................... 97
Streiten lohnt sich nur, wenn du nichts Besseres zu tun hast .. 101
Wer sich für nichts mehr schämt, hat natürlich alle Freiheiten.. 103

So wirst du mich nie mehr behandeln 105
Was tun, wenn sich jemand plötzlich völlig verändert? 106
Psychologische Selbstdiagnosen sind selten eine gute Idee 109
Liebe macht blind, Ehe öffnet die Augen wieder 111
Kümmere dich mehr um dich selbst als immer um den
anderen... 112

Mein Leben gehört mir, auch wenn du mir wichtig bist ... 117
Eltern vergessen manchmal, dass sie auch ein eigenes
Leben brauchen 119
Einige Eltern sind so cool, dass man gar nicht gegen sie
rebellieren kann 121
Man kann nicht immer ersetzen, was der andere vermisst 122
Der andere muss von dir hören, was du dir genau wünschst .. 125

Nur wer an sich selbst glaubt, kann Grenzen setzen **129**
Überzeugung 1: Es ist völlig in Ordnung, Nein zu sagen 130
Überzeugung 2: Ich kann den anderen nicht alles abnehmen... 131
Überzeugung 3: Ich bin weder Therapeut noch Sozialarbeiter .. 132
Überzeugung 4: Es ist okay, wenn andere auch mal leiden 133
Überzeugung 5: Gedankenlesen ist nicht meine Aufgabe 134
Überzeugung 6: Mitleid ist keine Basis für eine Beziehung 135
Überzeugung 7: Hilf dir erst selbst, nur dann kannst du
anderen helfen 136
Überzeugung 8: Ich bin in Ordnung, so wie ich bin 136
Überzeugung 9: Jeder ist für sein Glück verantwortlich...... 137

Grenzen muss man sich leisten können **139**
Wer keinen Ausweg hat, muss sich alles bieten lassen. 140
Angst vor Organisatorischem ist verständlich, aber unnötig... 142
Angst vor dem Alleinsein verhindert, den Richtigen zu finden.. 143
Angst vor der Meinung anderer brauchst du nicht zu haben .. 144
Sei bereit, den Preis zu bezahlen, dann wird er nie zu hoch ... 144
Wer schon etwas erlebt hat, weiß bereits, was er schaffen
kann 146
Urteile nicht zu hart über dich, wenn du noch Zeit brauchst .. 148

Check: Wie gut grenzt du dich schon ab? **151**

Lass die Vergangenheit hinter dir **168**
Manche Menschen sind längst Vergangenheit, aber nie
ganz verschwunden 169
Authentisch geht es sich am leichtesten durchs Leben 171
Verzeihen kostet dich einen hohen Preis, lohnt sich aber 173

Wie es jetzt für dich weitergeht **177**
Stresse dich nicht, du erlebst den absoluten Normalfall 178
Finde heraus, wie sehr du wirklich belastet bist 180
Verschwende keine Energie mehr für sinnlose Konflikte 183
Selbstsicherheit im Auftreten kannst du trainieren 185

Du schaffst das **189**

Literaturempfehlungen 190

Vorrunde

Einmal kommt der Tag, an dem es genug ist. Wieder mal steckst du in Schwierigkeiten, die dir andere angehängt haben. Kämpfst mit Problemen, die überhaupt nicht deine eigenen sind. Bei den einen sind es Geldsorgen, weil sie unbedingt wieder jemandem helfen mussten, der nicht so überlegt und sorgfältig plant wie sie selbst. Bei den anderen ist es Stress, weil sie wieder so viel für andere übernommen und erledigt haben, dass ihre eigenen Sachen liegen geblieben sind. Das Ergebnis: Todmüde im Kampf für andere, die das selbst sehr entspannt sehen: Du wirst schon klarkommen, DAS ist ja nun wirklich dein Problem.

Bei dir ist es vielleicht der Tag, an dem dir deine Mutter fünfzehn WhatsApp-Nachrichten geschickt hat, in denen sie stündlich ihre Ärgernisse auflistet:»Stell dir vor, meine Blähungen sind zurück!« Und du genau weißt, dass sie dich – wie immer – kurz nach Beginn der »Tagesschau« anrufen wird, um dir alle ihre Sorgen noch einmal ganz genau zu erzählen. Abschließen wird sie mit einem stillen, gleichzeitig irgendwie heimtückischen Vorwurf:»Hauptsache, dir geht es gut!«

Oder es ist der Tag, an dem dir deine »eigentlich total nette« Kollegin wieder einmal die Hälfte ihrer eigenen Aufgaben auf den Schreibtisch geschoben und gemeint hat:»Du kannst das einfach besser als ich!« Und du genau weißt, dass sie sich absichtlich blöd stellt, um pünktlich ihren Bus nach Hause zu bekommen und sich ausgeruht ihrem Garten oder irgendwelchen Hobbys zu widmen. Währenddessen du nach Feierabend noch da sitzt und ihre Arbeit erledigst, weil du wieder einmal nicht Nein sagen konntest. Ist doch ein tolles Dankeschön!

Oder es ist der Tag, an dem dir deine Teenagertochter eröffnet, dass sie ihre Ausbildung – mühsam von dir organisiert, weil sie in der Schule hauptsächlich mit Kiffen beschäftigt war – abbrechen und wieder bei dir einziehen will: »Ich muss mir erstmal überlegen, was ich im Leben wirklich will!« Bis sie das raushat, wahrscheinlich frühestens mit Mitte 30, wäre es ihr nur recht, wenn du weiterhin für kostenlose Verpflegung und Unterkunft sorgen würdest. Es hat sich ja nun mal schon so schön eingespielt zwischen euch in den vergangenen Jahrzehnten.

An diesem Tag spürst du etwas in dir aufsteigen, das kalte Wut und heiße Rachegefühle auf ähnlich köstliche Weise miteinander kombiniert wie Vanilleeis mit heißen Kirschen: »Es reicht, ich mach da nicht mehr mit!« Dieser Moment allein ist bereits ein Genuss, ein lang ersehntes Schlaglicht der Klarheit und des Entschlusses nach einer Ewigkeit an Selbst- und Fremdbetrug. Das vorliegende Buch aber wird dir helfen, noch einen Schritt weiterzugehen: dich nämlich endlich aus der belastenden Beziehung zu befreien und auch mal die anderen ein bisschen leiden zu lassen. Sie haben es verdient und brauchen es dringend, auch wenn sie es selbst noch nicht wissen. Es ist dein Beitrag zu ihrer Persönlichkeitsentwicklung, du hilfst ja gern, damit andere endlich zu Verstand kommen.

Du bist einfach zu nett und zahlst ständig den Preis dafür

Wahrscheinlich hast du viele Jahre bis zu dieser Einsicht gebraucht und nickst mit Blick auf diverse Personen in deinem Leben: »Ja, ich habe inzwischen eine ordentliche Abschussliste. Aber bei mir ist es eher eine Art Schriftrolle – sehr, sehr lang.« Übereile hier nichts. Du hast es nicht zwingend mit egoistischen, rücksichtslosen, berechnenden Menschen zu tun, auch wenn sie zugegebenermaßen alles dafür tun, dass es auf dich so wirkt. Du warst einfach ein bisschen zu nett, zu nachgiebig, zu hilfsbereit und hast dafür schon einen hohen Preis bezahlt.

So war es für eine Bekannte von mir sicher keine besonders gute Idee, höflich zu bleiben, als dieses verunglückte Tinder-Date tatsächlich die Nerven hatte, sie erst auf LinkedIn zu stalken, dann ihre Büronummer über Google herauszufinden und sie während ihrer Arbeitszeit anzurufen, um ihr am Telefon eine zweite Verabredung aufzudrängen. »Mach das noch einmal, und ich bin bei der Polizei«, wäre eine angemessene Reaktion gewesen. Der Mann konnte froh sein, dass er sich außerhalb der Reichweite einer ordentlichen Ladung Pfefferspray befand.

Eine Kollegin hätte sich auch nicht nur still ärgern sollen, als ihr Partner mal wieder ihr Handy borgen musste, weil er »gerade kein Guthaben mehr« hatte, sondern ausflippen: »Habe ich eigentlich ein Kind geheiratet? Das nächste Mal ziehe ich dir das Ding über den Kopf!« Manche Beziehungen zerstören sich in der Einheit von erbettelten Geldscheinen.

Es war auch nicht hilfreich von einem Freund in meiner Nachbarschaft, Verständnis zu heucheln, als die griesgrämige ältere Dame unter ihm sich mal wieder beklagte, dass sie angeblich »jeden Schritt« von ihm höre, obwohl er bereits auf Fußspitzen durch seine Wohnung trippelte, die nun wahrlich nicht billig war. Eine passende Ansage wäre stattdessen gewesen: »Wirklich komisch! Den Fernseher müssen Sie auf Rockkonzert-Lautstärke drehen, um etwas zu verstehen, aber wenn ich auf Socken zum Kühlschrank gehe – das geht durch?«

Am liebsten nix wie weg, nur wohin?

Natürlich haben wir alle die Schlaumeier unter unseren Freunden, die ganz erstaunt tun: »Was, solche Probleme hast du? Da hätte ich schon längst den Kontakt abgebrochen!« Oder: »Also, ich würde mir das nicht bieten lassen.« Aber du weißt längst, wie lebensfremd diese Kommentare sind. Daher jetzt mal Klartext: Die meisten Probleme haben wir doch mit Menschen, denen wir gar nicht entkommen können und, ehrlicherweise, oft auch nicht wollen: Partner, Verwandte, Freunde, Chefs, Kollegen und Nachbarn. Wir können nicht ohne sie, aber leider eben oft auch nicht mit ihnen. Das nervige Ergebnis: keine Chance auf Flucht!

Wer nicht lernt, ihnen bei Bedarf freundlich, aber bestimmt ihre Grenzen aufzuzeigen, kann sich zwar trennen, fängt dann aber beim Nächsten wieder von vorn an. Wie viele Stars haben uns vorgeführt, dass auch der achte oder neunte Ehepartner seine Macken hat, und da ist die absehbare Entwicklung bei Heidi Klum noch gar nicht eingerechnet. Bei deiner Scheidung sind eventuell nicht mal Juwelen oder eine Villa am Meer drin. Die Tochter einer Bekannten hat inzwischen zwölf Praktika im Lebenslauf, die allesamt »nichts waren« – »unmögliche Firmen!« – und muss nun eben wieder nach einem Job suchen. Wer jedes Mal, wenn wieder ein Nachbar nervt, umziehen will, sollte wohl praktischerweise gleich in einem Lkw wohnen. Warum da nicht lieber diejenigen zurechtrücken, die du schon kennst, und mit denen du im Grunde arbeiten kannst?

Erfahrungen aus der Praxis
Die Idee zu diesem Buch entstand aus den Gesprächen, die ich in den vergangenen neun Jahren als Coach mit Klienten geführt habe. Mehrere haben mir gestattet, ihre Geschichte hier in anonymisierter Form zu erzählen, damit andere davon lernen können, wofür ich ihnen sehr zu Dank verpflichtet bin. Du findest ihre Erfahrungen in den nachfolgenden Kapiteln, die verschiedene Aspekte unseres Themas – Grenzen ziehen, damit du nicht völlig überrannt wirst – behandeln. Diese Beispiele sollen dir ganz praktisch zeigen, warum das für dich wichtig ist und was du zukünftig anders machen kannst. In früheren Jahren war ich lange als Journalist tätig, wo ich ebenfalls unterschiedlichste Lebensgeschichten und -erfahrungen kennenlernen durfte, die hier auch in der einen oder anderen Form reflektiert sind.

Du wirst feststellen, dass dieses Buch auch einige ernste Themen behandelt, aber immer mit Humor, und das ist die erste Lektion: Lass dir von den anderen nie mehr die Laune vermiesen, sondern entdecke den Spaß daran, die Grenzen in deinem Leben neu zu ziehen – und zwar so, wie es dir am besten passt. Es gibt immer eine Lösung, diesmal darf sie den anderen wehtun.

»Niemand ist eine Insel«, hat ein Dichter geschrieben, und das stimmt. Du musst dich allerdings auch nicht als Einflugschneise für alle Probleme der Menschheit anbieten. Freu dich also auf unsere gemeinsame Reise mit dem Ziel, dir ab sofort nicht mehr alles bieten zu lassen. Ein entschiedenes Nein zu anderen ist ein fettes Ja zu dir selbst!

Attila Albert

Aufgewacht im Märchenland

Du bist reingelegt worden. Eltern, Geschwister, Kinder, Partner, Kollegen und Nachbarn sind gar nicht so nett, wie alle sagen. Deine Lektion: Lass dir nicht mehr einreden, du müsstest ständig für andere da sein.

Du hast wahrscheinlich schon gemerkt, dass man dich damals nach der Kinder- und Schulzeit völlig unvorbereitet ins Leben geschubst hat: Was da auf dem Stundenplan stand, verdient im Rückblick eine glatte Note 6 – ungenügend praxistauglich. Vor allem unsere Mitmenschen sind eine Lektion in Ernüchterung, und diese späte Erkenntnis hat ihren Preis.

Da hast du vielleicht im Unterricht die Feinheiten der Differentialrechnung durchlitten, aber wie man zwischen guten und schlechten Partnern, Freunden und Kollegen differenziert, hat dir nie jemand beigebracht. Mancher wurde mit der Ermahnung erzogen, »edel sei der Mensch, hilfreich und gut«, nur um im Berufsleben feststellen zu müssen, dass das wahre Karrieremotto oft lautet: »Eklig sei der Mensch, das hilft ihm sehr gut.« Da ist es kein Wunder, dass Goethe es selbst nie in eine höhere Managementposition geschafft hat.

Lass dir nicht mehr einreden, dass es alle »eigentlich« gut meinen.

Wie sich inzwischen wahrscheinlich auch für dich herausgestellt hat, sind selbst die besten Mütter nicht immer nur gütig, die lieben Geschwister nicht immer nur hilfsbereit, Kinder nicht immer nur dankbar. Das Gerede vom »Teamspirit« am Arbeitsplatz kannst du sowieso vergessen. Manche würden doch ohne ein Zögern für die Position des Vize-Abteilungsleiters morden, einige selbst, um endlich Nachrücker im Betriebsrat zu werden.

Pech für alle, die naiverweise nur an das Gute geglaubt haben und sich nun mit Schwierigkeiten herumschlagen müssen, die sie sich mit ein bisschen mehr Realitätssinn nie eingefangen hätten. Da kann es nur heißen: Aufgewacht im Märchenland!

Wer einmal hilft, qualifiziert sich bald zum Dauerhelfer

»Eigentlich wollte ich eine gute Mitarbeiterin sein, auf die sich unsere Chefin verlassen kann«, sagte mir eine Klientin, die gerade wegen »ungenügender Leistung« heftige Punktabzüge bei ihrer Beurteilung und Jahresprämie erhalten hatte.»Ich habe mich pausenlos um all das gekümmert, was sie mir auf den Schreibtisch geschoben hat. Nur, um mir nun vorwerfen lassen zu müssen, dass ich wahrscheinlich nicht gut genug organisiert bin. Anders wäre es ja gar nicht zu erklären, dass ich mit meiner Arbeit ständig zu spät dran sei.«

Ein anderer Klient, der regelmäßig und unverschuldet mit einem überzogenen Konto kämpfte: »Mein Bruder hat Geldprobleme, seit ich denken kann. Ich mühe mich ab, meine Finanzen in Ordnung zu halten – nur, um dann wieder einspringen zu müssen, wenn er seine Stromrechnung nicht zahlen kann oder es für die Miete nicht reicht. Logischerweise hilft man gern, gerade innerhalb der Familie. Aber wie oft denn noch, wenn es immer so weitergeht und er selbst gar nichts dazulernt?«

Natürlich hilft man gern einmal. Aber doch nicht ständig.

Seine Geschichte erinnerte mich an all die RTL-Episoden mit Peter Zwegat, in denen er wieder einmal 45 Serien-Minuten herumgerannt war, um einen ruinierten Schuldner vor der Zwangsräumung zu retten, nur, um am Ende dessen fröhlichen Ruf zu hören: »Ach, die Gläubiger haben zugestimmt? Prima, dann können wir ja wieder shoppen gehen!« Manchen Leuten ist einfach nicht zu helfen. Blöderweise, das erkennt man irgendwann, sind es oft die, für die wir eigentlich alles tun wollten. Das Versprechen der ewigen Liebe, Freundschaft oder gemeinsamen beruflichen Projekte wird dadurch auf Dauer ziemlich teuer.

Alles besser vorgestellt
Das Erwachsenwerden hat natürlich seine Vorteile, das hast du mit spätestens 30 erkannt. Das erste eigene Auto, eine Wohnung beziehungsweise ein WG-Zimmer, wenn du dich für einen »kreativen« Beruf entschieden hast, und auch, dass du deine Krankenpflichtversicherung nun selbst bezahlen darfst.

Gleichzeitig ist es verbunden mit einer Serie unangenehmer Erfahrungen: Wieso bricht dir deine erste große Liebe das Herz, obwohl es doch monatelang hervorragend lief und jeder Bravo-Fotoroman etwas ganz anderes versprochen hatte? Waren die eigenen Eltern immer schon so egoistisch, selbstmitleidig und überhaupt unvollkommen? Wieso denken in der Firma eigentlich immer alle nur an sich, aber keiner jemals an dich? Kurz: Wieso sind die anderen Menschen nicht so, wie man es doch eigentlich erwarten dürfte?

Am schwierigsten ist es mit Menschen, die man gar nicht loswerden kann.

Zwar hat man sich bereits von jungen Jahren an vor allerlei Gefahren des realen Lebens gefürchtet. Nachts in einer dunklen Seitenstraße überfallen zu werden, wie man es bei »CSI: Miami« immer gesehen hat, nach mehreren erfolglosen Bewerbungen verarmt unter einer Brücke zu enden oder selbst niemals so berühmt zu werden wie die Kardashian-Schwestern.

Doch nichts hat uns vor der wahren Bedrohung des Alltags gewarnt: vor Menschen, die uns ausnutzen, verletzen oder anderweitig in den Wahnsinn treiben, und gegen die man nicht einmal etwas machen kann, weil man sie einfach nicht loswird oder ihnen unvorsichtigerweise ewige Treue zugesagt hat.

> **Es liegt an dir**
>
> Man hat dich gelehrt, dass alles gut wird, dabei aber einen entscheidenden Nachsatz weggelassen: vielleicht nicht für dich, wenn du nicht lernst, Grenzen zu ziehen und für deine Rechte einzustehen. Eigentlich sollte das Pflichtstoff der ersten Klasse sein, noch vor dem ABC, mit einem intensiven Auffrischungskurs in der Abiturstufe.

Eine Grenze steht für etwas, für das es sich zu kämpfen lohnt

Was ist eine Grenze überhaupt? Eine Linie, an der du für alle klar erkennbar mitteilst: »Freiwillig bis hierher, aber nicht weiter.« An der du eine Person zurückweist, die deinen Regeln nicht folgen will: »So nicht, mein Lieber, auch wenn wir mal Freunde waren. Das lasse ich nicht mit mir machen.« In jedem Flughafen reihen sich selbst die Easyjet-Touristen brav an der Grenzkontrolle auf und benehmen sich manierlich. Da kann dein Leben nicht zur Everything-Goes-Zone für alle werden.

Wenn du Grenzen setzt, zeigst du, dass du schon auf andere, aber eben auch auf deine Bedürfnisse achtest und nicht jeden über dich verfügen lässt, wie es ihm gerade in den Kopf schießt. Sie stehen für das, was dir wichtig ist, wofür du einstehen würdest, auch wenn Widerstand zu erwarten ist. Darauf solltest du dich einrichten: Manchmal wirst du dafür kämpfen müssen, dass deine Regeln anerkannt und eingehalten werden. Selbst auf Hawaii hat die Grenzkontrolle ihre Revolver zur Hand, schon für die optische Nachdrücklichkeit.

»Drei Jahre bin ich einem Mann nachgerannt und wegen ihm sogar in seine Stadt gezogen. Fürs Bett war ich ihm immer gut genug«, klagte eine Freundin verbittert und ehrlich enttäuscht. »Habe mir verständnisvoll all seinen Mist angehört, dass er ›noch nicht bereit für eine neue Beziehung‹ ist und es ›diesmal ganz langsam angehen‹ will. Nur, um eines Tages per SMS abserviert zu werden und hintenrum zu erfahren, dass er eine Woche später seine langjährige Freundin geheiratet hat. Während ich ihn getröstet habe, wenn er wieder Stress in der Firma hatte, und etwas von ›unserer Zukunft‹ fantasiert habe, hat dieser Arsch seine Hochzeit vorbereitet.« Ernüchterung sorgt auf einmal für einen sehr klaren Blick.

Auf manche Gespräche freut man sich so sehr wie auf eine Wurzelbehandlung beim Zahnarzt.

Grenzen setzen muss früh passieren, und das macht es so schwierig: Du musst ein Thema ansprechen, auf das sich dein Gegenüber ungefähr so freut wie ein AOK-Mitglied auf eine Wurzelbehandlung. Es tut weh, und die Kosten darfst du auch noch tragen. Selbstbeteiligung: 100 Prozent.

Im ewigen Zwiespalt

»Ich hätte meiner Chefin schon lange ein paar Takte sagen sollen oder besser gleich ganz kündigen«, meinte eine Klientin aus der PR-Branche, die sich in ihrer Agentur unfair behandelt fühlte. »Sie behandelt mich von oben herab und nörgelt an allem herum, obwohl ich jeden Tag ihren Job nebenbei mitmache. Auf die versprochene Lohnerhöhung warte ich seit fast einem Jahr. Blöderweise waren wir vor ihrer Beförderung mal beste Freundinnen, und unsere Männer kennen sich noch von der Uni. So darf ich mich tagsüber über sie ärgern und abends mit allen zur ›Happy Hour‹ und fröhlich tun, damit ich nicht als egoistische Spaßbremse dastehe, die nicht ›auch mal abschalten‹ kann.«

Es sind nicht die Leute, denen man am liebsten mal eine reinhauen würde, es sich aber verkneift. Es sind die Leute, denen man auch noch ein Küsschen geben muss, weil es sich so gehört. Die Hemmung, anderen klare Grenzen zu setzen, wurzelt fast immer in dem, was uns traditionell als »Anstand« vermittelt wird. Schon die Bibel hat da eindeutige Forderungen: Ehre deine Eltern, liebe deine Nachbarn wie dich selbst, auch wenn sie furchtbar sind, und lade deine Feinde zu Starbucks ein, um bei einem Java Chip Frappuccino Grande mit ihnen Frieden zu schließen.

Den Kontakt abbrechen?
Wenn es doch nur so einfach wäre

Der Rat, dann eben den Kontakt abzubrechen, das müsse man sich nun wirklich nicht antun, hilft nicht viel weiter. Tatsächlich gibt es zwar Menschen, die sagen: »Seit ich Single bin, mache ich gefühlt viel weniger falsch.« Oder: »Seit ich meine gesamte Familie auf WhatsApp geblockt habe und sie auch nie mehr besuche, kommen wir prima miteinander aus.« Das ist selbstverständlich immer eine Option, die aber auch einen Preis hat, den du zahlen musst. Anderen Grenzen zu setzen muss man sich grundsätzlich erst einmal leisten wollen und können – vor allem, wenn es dabei um Menschen geht, die ein entscheidender Teil deines eigenen Lebens sind. Ehrliche Antworten auf den Vorschlag, das Ganze doch zu beenden, könnten etwa so klingen:

- »Das würde ich natürlich sehr gern und sofort, aber so lange bei Großtante Ilsbeth noch etwas zu erben ist, werde ich einen Teufel tun. Da kann sie noch so nerven: Ihr Häuschen im Sauerland kriegt kein anderer, auch wenn ich selbst da im Leben nicht einziehen würde!«
- »So lange mein Vater mir monatlich die Miete überweist, kann ich mir das finanziell leider nicht erlauben. Mein Protestblog gegen den klimaschädlichen Kapitalismus, den ich von Berlin aus schreibe, trägt sich wirtschaftlich noch nicht selbst.«

- »Ich weiß, ich sollte Sabine und ihr Gejammer aus meinem Leben streichen. Aber wer kümmert sich dann um die Kinder, wenn ich zum Sport will? Ohne eine Freundin mit Helfersyndrom kommt eine moderne Mutter doch heute gar nicht mehr klar.«
- »Mit diesem Mann hätte ich schon nach einer Woche Schluss machen müssen. Er ist einfach unerträglich, hat kein Benehmen und sieht noch nicht mal gut aus. Aber ich brauche den Job und muss mich daher vorerst mit meinem Chef arrangieren.«
- »Ich hätte meinen Freund schon lange abschießen müssen, das weiß ich selbst. Viel läuft da sowieso nicht mehr. Leider hat unter den anderen 50 Millionen Tinder-Mitgliedern bisher noch keiner gerafft, was für ein verkannter Traumpartner ich eigentlich bin.«

Es gibt also viele gute Gründe, auch schwierige Zeitgenossen nicht gleich nach Sibirien oder zumindest in die seelische Verbannung zu schicken. Oft ist es schon der, dass man sich damit nur eine Reihe anderer Probleme einhandeln würde, die auch nicht viel besser sind.

Erlaube kein Verhalten mehr, das auf deine Kosten geht. Der Preis ist zu hoch.

Das heißt jedoch nicht, dass du alles hinnehmen und dir damit unnötig frühe Zornesfalten einhandeln musst. Die Botox-Behandlung dürftest du nämlich selbst übernehmen, wenn du nicht gerade eine lukrative Trennung oder einen saftig dotierten Aufhebungsvertrag in Aussicht hast.

Die Kunst, um die es in den folgenden Lektionen gehen wird, liegt also darin, diesen speziellen Mitmenschen eine Grenze zu setzen: Du entscheidest, wie nah du sie zukünftig an dich heranlassen willst, damit du die Vorteile noch genießen kannst, gleichzeitig der Preis dafür aber angemessen bleibt. Kein unerwünschtes Verhalten auf deine Kosten mehr, insbesondere nicht von Menschen, mit denen du beruflich oder persönlich auch noch ständig zu tun hast. Das macht dich kaputt auf Dauer!

Schwere Fälle gehören in die Personalabteilung, zu Betriebsrat, Polizei oder Anwalt. Aber in der alltäglichen Kommunikation kannst du klare Grenzen ziehen: eine Armlänge Abstand für alle Unverschämtheiten, Unhöflichkeiten und Unerträglichkeiten. Je klarer dir selbst ist, was du nicht mehr akzeptierst, desto sicherer und entschiedener wirst du auftreten und dich nicht mehr einschüchtern, drängen oder überrumpeln lassen.

Warum das Ganze? »Weil ich es mir wert bin«, hat der große französische Philosoph L'Oréal gesagt, und das ist schon Begründung genug: Es wird so gemacht, weil du es so willst.

Keiner erwartet, von den Liebsten ausgenutzt zu werden
Wahrscheinlich hast du dir selbst in den vergangenen Jahren bereits viele Gedanken darüber gemacht, warum du es manchmal so schwierig findest, anderen ihre Grenzen aufzuzeigen. Als Coach frage ich jeden Klienten, warum er für andere etwas tut, was er nach eigener Aussage eigentlich »gar nicht will«. Zur Antwort erhalte ich meist eine Variante dieser Erklärungen:

- »Ich bin einfach zu nett. Ich kann den Leuten nichts abschlagen.«
- »Ich habe das Gefühl, ich muss es tun. Das ist wohl meine Erziehung.«
- »Für mich gehört es sich einfach. Auch wenn ich weiß, dass es falsch ist.«

Das ist, unter uns, ein bisschen kokett, denn das sind alles Umschreibungen für: »Ich bin zu gut für diese Welt, und das wird nun ausgenutzt.« Ganz so ein Hascherl bist du sicher nicht, aber gleichzeitig steckt doch Wahrheit darin. Keiner rechnet damit, dass seine guten Seiten – Offenheit, Hilfsbereitschaft, Fürsorglichkeit, Liebe – ausgerechnet von denen ausgenutzt werden, die davon profitiert haben. Zwar heißt es schon in den ältesten Märchenbüchern ziemlich desillusioniert: Undank ist der Welten Lohn. Aber als resignierter Zyniker kann man ja auch nicht durchs Leben gehen und es noch genießen.

Bau deine innere Stärke auf
»Ich weiß, dass ich für mich einstehen müsste, etwas sagen«, erzählte mir eine Klientin, die unter einem erfolgreichen, aber unangenehmen Ehemann litt, den sie als kontrollierend und oft respektlos empfand, von dem sie sich aber nicht trennen konnte – wegen der fast erwachsenen Kinder und weil sie vieles an ihm trotzdem noch liebte. »Es ist, als hätte ich in diesen Momenten, in denen es mal um mich gehen müsste, einfach keine Kraft, das einzufordern. Ich bin dann eher wütend auf mich als auf ihn.«

Eine Herausforderung liegt also auch darin, dass du innere Stärke brauchst, um für dich selbst einstehen und einem anderen etwas entgegensetzen zu können. Das gilt ironischerweise besonders, wenn du emotional berührt, gar verliebt bist, ehrlich helfen und etwas verbessern willst. »Ist es in solchen Situationen nicht total egoistisch, an seine eigenen Bedürfnisse zu denken?«, fragt man sich selbst da zweifelnd. Weitere zehn Sekunden Idealismus später ist man so wehrlos wie ein ausgesetztes Kätzchen und auf die Hilfe Fremder angewiesen.

Immer wieder höre ich, dass jemand angeblich »total verstört« war, als er damals als Zehnjähriger die eigenen Eltern beim Sex überrascht oder während der Campingferien nackt gesehen hat. So einem aufgewühlten Kind kann man, kleiner Erziehungstipp, ruhig mal sagen: »Wenn du glaubst, jetzt schon traumatisiert zu sein, dann reden wir weiter, wenn du 30 oder 40 bist. Dann siehst du nämlich das wahre Grauen in der Familie: seelische Nacktheit.«

Seelische Nacktheit ansehen zu müssen ist immer noch am schlimmsten.

Tatsächlich ist es bitter, miterleben zu müssen, wenn sich beispielsweise ein alter, einsam gewordener Elternteil damit quält, noch einmal neue Freunde finden zu müssen, und in seiner Unbeholfenheit lieber auf seine Kinder ausweicht. Oder ein Angehöriger durch Krankheit oder Alter eingeschränkt ist und am liebsten sämtliche Verantwortung delegieren möchte. Oder das eigene Kind größte Mühe hat, den Start ins Berufsleben zu finden und deshalb auch mit 35 lieber ein Teenager wäre, der alle Verantwortung zurückgibt – »Lasst mal, das mit dem Erwachsensein ist doch nicht das Richtige für mich!« Grenzen zu setzen ist hier ein Gebot des Selbstschutzes.

Gar keine Beziehungen zu haben ist dabei weiterhin der einzige Weg, Beziehungsprobleme komplett zu vermeiden und sich ganz auf das eigene Vergnügen konzentrieren zu können, dann allerdings auch ohne Begleiter und Publikum.

Kürzlich sah ich eine Zeichnung, die einen Psychoanalytiker mit seiner Klientin zeigt, sie neben ihm auf einer Couch liegend. Er blickt auf seinen vollgekritzelten Notizblock und fragt mit verständnisvollem Blick: »Gibt es eine wichtige Verbindung in Ihrem Leben?« Sie: »Mein Ladekabel.« Das sollte nicht dein Ziel sein, nur ein fairer Ausgleich eurer Bedürfnisse.

Denk zuerst an dich, die anderen sind mit sich selbst beschäftigt

Das erste Bedürfnis, wegen dem sich Grenzen lohnen, ist deine körperliche Gesundheit. Wer sich ständig für andere überlastet, bekommt irgendwann Schlafstörungen, Schwindelanfälle, Panikattacken, Unter- oder Übergewicht und das Gefühl, nie ganz gesund zu sein, etwa wegen ständiger Infekte. Mancher Mittdreißiger ist wegen permanentem Stress bereits so früh gealtert, dass selbst ein Dauerurlaub auf »Love Island« das nicht mehr reparieren könnte. Das lohnt sich also keinesfalls.

Das zweite Bedürfnis ist dein seelisches Wohlbefinden. Du brauchst es, um eine gute Ehe beziehungsweise Beziehung führen zu können, deine Karriere nicht durch Flüchtigkeits- und Hastigkeitsfehler, Fehleinschätzungen und Wutausbrüche zu ruinieren und trotz allem noch Nerven für Kinder und Freunde zu haben. Wenn du da nicht überall Grenzen setzt, wirst du ausgeplündert wie ein Sonderverkaufstisch am »Black Friday« – nichts von Wert mehr übrig, wenn die Massen wieder weg sind.

»Im Moment ist es nicht so leicht« ist dabei, so meine Erfahrung als Coach, der größte, wenn auch verständlichste Selbstbetrug. Wenn du ehrlich bist, dauert dieser »Moment« in manchen Fällen schon viele Monate oder gar Jahre an. Da hast du immer zu viel gegeben und vergeblich gehofft, dass es doch einmal besser werden müsse, wenn DU dich nur genug anstrengen würdest. Ergebnis: Die Ausnahmesituation ist normal geworden. Aber die gute Nachricht lautet: Du kannst das ändern, egal, ob das Problem seit einem Tag oder deinem halben Leben besteht.

Einfache Ratschläge klingen gut, funktionieren in der Praxis aber leider meist nicht.

Populäre Ratschläge klingen so: »Du musst einfach mehr für dich selbst einstehen. Setz mal Grenzen. Mach es doch einfach nicht mehr.« Worauf zu sagen ist: Empfehlungen mit »einfach« sind fast immer einfach blöd. Ungefähr so hilfreich wie: »Du wiegst 200 Kilo? Dann iss doch einfach weniger!« Oder: »Du rauchst durchschnittlich zwei Schachteln Zigaretten am Tag? Dann rauche doch jetzt einfach nicht mehr. So schwer kann das doch nun wirklich nicht sein.« Praxisergebnis: einfach sinnlos!

Es funktioniert nicht, weil du zuerst eine Realität anerkennen und verstehen musst: Auch eine problematische Beziehung funktioniert zu einem gewissen Grad und hat Vorteile, die dich darin festhalten. Ebenso, wie sich ständig mit zu viel Essen vollzustopfen oder Kette zu rauchen ungesund sein mag, sich aber zumindest im Moment gut anfühlt und glücklich macht. In den nächsten Kapiteln findest du die häufigsten Gründe dafür, darunter den Schutz vorm Alleinsein oder Bestätigung durch ständiges Helfen.

> **Alles hat seine Vorteile**
>
> Weder mangelnde Willenskraft noch Charakterschwäche sind die Gründe, dass du anderen zu wenig Grenzen setzt. Du machst mit, weil für dich, trotz allem, etwas dabei vorteilhaft ist. Je schneller du herausfindest, was das ist, desto eher kannst du es dir auch woanders holen und die bisherige Beziehung neu gestalten oder beenden.

Zusammengefasst kannst du hier für dich mitnehmen, über deine bisherigen Erklärungen etwas tiefer nachzudenken. »Ich bin zu nett«, »Ich kann keinem etwas abschlagen«, »Das ist meine Erziehung«, »Für mich gehört es sich einfach« sind verständliche, aber ausweichende Deutungen, die nur die Oberfläche berühren. Je mehr du dich selbst verstehst, und das Buch wird dir dabei helfen, desto mehr kannst du diese Illusionen über deine Motive loslassen und deine wahren Bedürfnisse anerkennen.

Falsch verbunden!
Ich bin nicht das Sorgentelefon

Anne wird jeden Abend von ihrer einsamen Mutter angerufen, die ihr subtil vorwirft, sich nicht genug um sie zu kümmern. Deine Lektion: Lerne, nicht mehr sofort deine Hilfe anzubieten, auch wenn es dich drängt.

Wenn abends das Handy von Anne klingelt, braucht sie üblicherweise keinen Blick auf die Uhr mehr. Es ist jedes Mal ziemlich genau 20.04 Uhr, die »Tagesschau«, die sie eigentlich sehen wollte, hat gerade begonnen, und ihre Mutter wird am anderen Ende der Leitung sein. »Stell dir vor, meine Blähungen sind zurück«, kann ihre News des Tages sein, »das muss doch am Weißbrot liegen!« Oder aber auch: »Du kannst dir nicht vorstellen, was für ein süßes Video ich heute gesehen habe! Ich schicke dir gleich mal den Link.« Gefolgt von einem Pling auf WhatsApp, ihrer ungefähr fünfzehnten Nachricht des Tages, von denen Anne zumindest die meisten halbwegs erfolgreich ignorieren konnte, wie sie in ihrem Coaching erzählte.

Für manche ist leider nichts bedeutsamer als ihr eigenes Leben.

Dass Anne um diese Zeit die Nachrichten sehen will und sie tagsüber nicht nur im Büro gesessen und Kaffee getrunken hat und daher abends auch mal ihre Ruhe braucht, weiß ihre Mutter mit ziemlicher Sicherheit. Aber sie ist erkennbar davon überzeugt: Keine Regierungskrise, kein Bürgerkrieg in Afrika, kein Börsencrash und selbstverständlich kein beruflicher Stress ihrer Tochter könnte auch nur annähernd so bedeutsam sein wie ihr eigenes Leben. »Der Nachbar hat wieder so komische Andeutungen gemacht!« Das war es also diesmal. »Ich bin sicher, der will mich aus dem Haus haben. Aber da kann er warten! Du weißt ja noch, wie er damals unsere Freesien ruiniert hat, damit er seinen Zaun setzen konnte…« Und schon ging es wieder weiter.

Wenn dir die Eltern keinen Raum lassen

Als sich Anne, Projektmanagerin bei einem internationalen Tourismuskonzern, verheiratet und ohne eigene Kinder, bei mir für ein Coaching anmeldete, nahm ich an, es ginge ihr um ein Karrierethema. Sie wirkte resolut und gut organisiert, ihre berufliche Biografie – sie beschrieb kurz ihren Werdegang – war eindrucksvoll. Sie sprach mehrere Sprachen und hatte zwei Uniabschlüsse.

»Es ist mir fast ein bisschen peinlich, und ich weiß gar nicht, ob ich damit hier überhaupt richtig bin«, sagte sie dann aber zögerlich. »Eigentlich geht es um meine Mutter. Ich liebe sie, das ist ja logisch, und würde auch alles für sie tun. Aber sie hat mich so sehr zu einem Teil ihres Lebens gemacht, dass für mich selbst kaum noch etwas übrig bleibt.«

Unerwartete Wendungen schon im ersten Gespräch überraschen keinen Coach. Ich werde zwar hellhörig, offenbar möchte die Klientin etwas mitteilen, das ihr zumindest ein wenig unangenehm ist, aber ich achte auf etwas anderes: Wird sie bereit sein, nicht nur über die andere Person zu klagen, so berechtigt und verständlich das ist, sondern auch jetzt schon über ihren Anteil in dieser Beziehung nachzudenken? Denn das ist der entscheidende Schritt, um verschobene Grenzen zu korrigieren, der manchmal aber viel Zeit braucht: Zu wissen, dass man ganz allein damit anfangen muss, sein Verhalten zu ändern – egal, ob der andere das nun gut findet und mitmacht oder auch nicht.

> *Diese Tatsache ist so schlicht wie wahr: Wer etwas ändern will, muss bereit sein, zuallererst sich selbst zu verändern.*

Zum Ersatzpartner geworden

»Begonnen hat das alles mit der Scheidung meiner Eltern«, sagte Anne, »und die liegt inzwischen schon mehr als 20 Jahre zurück.« Sie brauche keinen Mann mehr, hatte ihre Mutter damals erklärt, sie würde sehr gut allein zurechtkommen.

Allerdings zeigte sich bald, dass das eher Wunsch als Realität war. Denn innerhalb weniger Monate fand sich Anne – einziges Kind – in der Rolle eines Ersatzpartners wieder: Zuständig für alle praktischen Sorgen (»Du weißt doch bestimmt, wie man einen Balkonkasten richtig anschraubt«), gesundheitlichen Probleme (»Ich musste mich wieder übergeben!«) und seelischen Bedürfnisse. Fast immer per WhatsApp, in ihren Bürozeiten ebenso wie am späten Abend, und beim Aufwachen oft noch einige Nachzügler aus der Nacht.

»Wenn ich früher andere habe sagen hören, dass diese oder jene Frau wohl nur wieder einen Mann brauche, damit sie wieder normal wird, habe ich immer gedacht: was für eine sexistische Kackscheiße«, sagte Anne. »Nun denke ich das oft bei meiner eigenen Mutter. Besonders stolz bin ich darauf nicht, aber so ist es. Oder heißt das, das ich nun selber alt werde?«

Anfangs war sie noch erfreut gewesen, dass sich ihre Mutter regelmäßig bei ihr meldete. Ihre Beziehung war in den Jahren vor der Scheidung nicht die beste gewesen. Insbesondere ärgerte ihre Mutter damals, dass ihre Tochter mehr an ihrem Vater als an ihr zu hängen schien.

Jeden Tag melden, aber immer nur von sich reden – wer will sich das auf Dauer anhören?

Tagsüber saß sie nun, da sie nicht mehr arbeitete, allein vor dem Fernseher oder spielte mit dem Handy. Abends griff sie zum Telefon, um ihre Tochter anzurufen. Vorgeblich, um sich nach deren Tag zu erkundigen, um dann aber doch nur von sich zu reden. Erzählte Anne trotzdem einmal von sich, hatte ihre Mutter nicht viele Fragen, sondern höchstens einsilbige, leicht vorwurfsvolle Anmerkungen: »Na ja … Hauptsache, euch geht es gut!«

Einige Abende hatte Anne für sich gerettet, indem sie das Handy stumm geschaltet und später eine Nachricht geschickt hatte, in der sie behauptete, sie sei in der Wanne gewesen oder habe einer Nachbarin geholfen. Ihre Mutter wusste natürlich, dass das nicht stimmte, oder zumindest glaubte Anne das.

»Am peinlichsten ist mir, dass ich es als erwachsene Frau nicht hinkriege, mich ein bisschen mehr abzugrenzen«, sagte Anne in einem unserer Gespräche und sah in diesem Moment schon beim Gedanken daran erschöpft aus. »Ich habe manchmal echte Zweifel, ob ich wirklich so eine tolle Tochter bin, wenn ich meine eigene Mutter abweise. Ihr geht es ja scheinbar wirklich nicht gut, das glaube ich ihr.«

Ihre gut gemeinten praktischen Empfehlungen, doch wieder einmal auszugehen oder ein Hobby aufzunehmen, hatte ihre Mutter allesamt beiseite gewischt und für unmöglich erklärt: »Du hast gut reden«, hatte sie sinngemäß gesagt und dabei fast wütend geklungen angesichts dieser empfundenen Ignoranz. »Du hast ja keine Ahnung, wie es mir geht.«

Wer keine Hilfe annehmen will, findet immer neue Erklärungen und Ausreden, um mit seinen liebgewonnenen Gewohnheiten weitermachen zu können.

Immerhin hatte sie ihre beiden Katzen, für die sie, wie Anne einmal beim Aufräumen des Küchenschranks feststellte, die erstaunlichsten Leckereien nach Hause brachte: »Dreamies Deli-Catz», »Liquid-Snacks mit Lachs», eine Dose mit kleinen Katzenohren. Eine Verpackung hatte Anne sogar abfotografiert: »Der himmlische Snack für Schleckermäulchen, die ganz genau wissen, was sie wollen. Damit können Sie mit Ihrem kleinen Vierbeiner wunderbare Spielrituale aufbauen, welche die Bindung zwischen Ihnen beiden stärken.«

Anne war dagegen nicht daran interessiert, mit ihrer Mutter wunderbare Spielrituale aufzubauen und die Beziehung weiter zu stärken. Es verletzte sie, dass sie selbst zum Hochzeitstag nicht einmal wenigstens eine Postkarte erhalten hatte.

»Manchmal denke ich, dass ich den Kontakt ganz abbrechen sollte«, sagte sie mir im Gespräch. »Einfach die Telefonnummer ändern oder sie sperren. Aber das würde ich ihr nie antun, da würde ich mir ein Leben lang Vorwürfe machen. Das geht in einer Familie nicht.« Aber die Alternative war, dass um 20.04 Uhr wieder das Telefon klingelte – »und, wie geht's dir heute so?«

Partnerersatz für Single-Eltern sein?
Nie eine gute Idee

»Du kannst dir deine Familie nicht aussuchen«, las ich einmal auf einer Postkarte. »Aber du kannst ihre Anrufe nicht annehmen, sie nicht zu besonderen Anlässen einladen und vergessen, dass sie überhaupt existiert.« Das war noch lange vor der Digitalisierung in den guten Zeiten, als man sich noch ganz bequem hinter der geschlossenen Wohnungstür verstecken konnte, wenn ungebetener Besuch klingelte, und nur hoffen, dass einen kein Lichtschein durch den Spion verriet. Heute reicht eine falsche Fingerbewegung: Aus Versehen die falsche WhatsApp-Nachricht bestätigt, schon leuchtet das blaues Doppelhäkchen auf: »gelesen«, bitte sofort reagieren.

Wenn Eltern im Digitalzeitalter ankommen, ist das für Kinder nicht immer ein Vergnügen.

Jemand hat einmal geschrieben: Weihnachten ist das Fest, zu dem der Herrgott jedes Jahr die Kinder in die Welt schickt, um die Elektronikgeräte ihrer Eltern einzurichten. Nun rächt sich für viele, dass sie all die Benutzerkonten angelegt, die Bedienung erklärt – »Doppelklick, aber nicht so schnell!« – und rund um das Jahr kostenlosen Support angeboten haben.

Jetzt, da der WLAN-Router schnurrt wie ein Kätzchen und das neue Handy die Größe eines mittleren Fernsehmonitors erreicht hat, entdecken Papa beziehungsweise Mama, dass sie sehr viel mitzuteilen haben. Vor allem, wenn sie, wie viele ihrer

Generation, »als Single sehr glücklich« und inzwischen pensioniert sind, also theoretisch unbegrenzt viel freie Zeit haben.

Verschobene Rollen
Im Verlauf des Coachings fanden wir schnell heraus, was zwischen Anne und ihrer Mutter passiert war: Ihre Rollen hatten sich verschoben. Anne war nicht mehr nur die inzwischen erwachsene und verheiratete Tochter, sondern für ihre Mutter gleichzeitig auch ein bequemer Ehepartnerersatz und durch die moderne Technik praktisch immer verfügbar.

Nach einigen Gesprächen wurde für Anne auch klar, was sie an alldem wirklich störte. Die gedankenlosen abendlichen Störungen waren lästig, die Vereinnahmung unangenehm. Was sie aber wirklich verletzte, war das unterschwellig vermittelte Gefühl, an den Problemen ihrer Mutter – Einsamkeit, Langeweile, zu wenig Lebenssinn – irgendwie mit Schuld zu sein. »Ich fühle mich für etwas verantwortlich gemacht, mit dem ich doch nicht das Geringste zu tun habe«, meinte sie verunsichert. »Oder etwa doch? Müsste ich mehr helfen?«

Für alles verantwortlich gefühlt
Was in Anne vorgeht, ist das Normalste der Welt, es würde dir in dieser Situation wahrscheinlich nicht viel anders gehen. Anne ist wichtig, dass es ihrer Mutter gut geht, und sie ist absolut gern bereit, ihren Anteil dafür zu leisten. Allerdings geht sie dabei mit ihrem Verantwortungsgefühl ein ganzes Stück zu weit: Sie fühlt sich im Grunde vollständig für das Alltagsleben und Glück ihrer Mutter verantwortlich, die aber sogar im Fall einer Krankheit noch in der Lage wäre, ihr Leben weitgehend selbst interessant, reichhaltig und erfüllend zu gestalten.

Anerzogene Werte – man achtet seine Eltern und hilft ihnen – mischen sich bei Anne mit dem Wunsch, dass »alles wieder wie früher« wäre, als sie sich weniger fremdbestimmt gefühlt hat. Ihre stille, aber leider vergebliche Hoffnung: Mit dem richtigen Tipp werde alles wieder normal. »Soll ich ihr helfen, eine Wohnung näher bei mir zu finden?«, fragte sie mich. »Dann wäre sie mehr unter Leuten und würde vielleicht auf andere Gedanken kommen.« Nichts davon würde ihre Beziehung verändern, derartige Ratschläge könnte ihre Mutter selbst innerhalb weniger Minuten auf Google finden.

Noch eine wichtige Anmerkung ergab sich für mich: Ganz sicher ist es kein Zufall, dass Annes Mutter immer exakt dann anruft, wenn Anne sich einmal entspannen und die Nachrichten sehen will. Man könnte scherzhaft als Motiv unterstellen: Was interessieren dich die Katastrophen da draußen, wenn du auch mich haben kannst? Wahrscheinlich ist, dass diese Anrufe eine Art Rückversicherung für sie sind: »Bin ich dir wichtig genug, dass du jetzt auch einmal für mich da bist, wenn du schon bis eben den ganzen Tag im Büro warst?« Ziemlich genau so, wie ein Ehepartner auftreten würde, der sich vernachlässigt fühlt.

Manche Menschen treten auf, als wäre man ständig für sie verfügbar und immer verantwortlich.

Ein bisschen Banalität muss jede Beziehung aushalten

Ein bisschen frustrierende Banalität musst jede Beziehung aushalten, das ist unvermeidlich und ein Stück gelebte Nächstenliebe: Wenn es dir so wichtig ist, dann höre ich eben mal zu. Eine andere Geheimstrategie gibt es da nicht.

Ich hatte beispielsweise eine Freundin, die bei jeder Gelegenheit sehr ausführlich erzählte, warum sie sich die Hände eincremte. »Sie waren immer ganz eingerissen«, dabei zeigte sie über ihre Handflächen. »Keiner weiß, wieso, muss wohl eine unentdeckte Allergie gewesen sein.« Bedeutungsvoller Blick, dramatische Pause, »dann habe ich diese Creme gefunden, im Urlaub in Frankreich, ganz billig im Supermarkt. Einmal eingestrichen, weg war es! Jede Woche mache ich das jetzt.« Dabei strich sie sich über die Hände, wie um den Moment ihrer Heilung noch einmal zu durchleben, und erzählte all das immer und immer wieder. Es war scheinbar wirklich bedeutsam für sie.

Man hätte nach der dritten Wiederholung ungehalten reagieren können: »Okay, reicht! Die Menschen haben sich schon die Hände eingecremt, als sie sich noch die Erde mit den Dinos teilten, nur damals eben mit Säbelzahn-Tigerbalm!« Oder lächeln: »Freut mich, dass das jetzt weg ist.« Bei Anne ging all das allerdings deutlich zu weit, sie musste handeln.

Dein Gegenüber verstehen
Einer der wichtigsten ersten Schritte in einer solchen Situation ist es, sein Gegenüber mit Verständnis zu sehen, auch wenn es schwerfällt. Annes Mutter ist wahrscheinlich keine raffinierte Taktikerin, die ihre Tochter langsam in den Wahnsinn treiben will. Sie fühlt sich sicher selbst machtlos und den Umständen ausgeliefert, etwa den unangenehmen Seiten des Älterwerdens und den Folgen einiger persönlicher Entscheidungen. Das Jammern verhilft ihr zumindest zu etwas Mitgefühl und Aufmerksamkeit, auch wenn sie natürlich spürt, dass sie mit dieser ewigen Opferrolle kein besonders willkommener Gast ist.

Wie Anne würdest du wahrscheinlich auch helfen wollen, wenn es jemandem nicht gut geht. Das ist nobel, funktioniert aber, wie Annes Beispiel zeigt, meist nicht. Gibst du Ratschläge (»Versuch doch mal…«), werden diese als völlig unrealistisch und überhaupt nicht machbar abgelehnt, die ausführlichen Erklärungen dazu klingen sogar logisch und nachvollziehbar. Willst du aufmuntern (»Sieh doch auch mal die positive Seite…«), kommt das als Unverständnis an, »Du hast überhaupt keine Ahnung, wie es mir geht.«

Jeder will helfen, auch wenn die Erfahrung zeigt, dass das meist nicht viel bringt.

Beides führt am Ende dazu, dass du ungewollt mitspielst, dir immer neue Klagen und Beschwerden anhören musst und dazu auch noch die Verantwortung aufgedrängt bekommst, als wäre das jetzt dein Projekt – »Hast du keine besseren Ideen?!«

Am besten zustimmen, dann endet zumindest das Gejammer

Die Strategie, die ich empfehlen würde, ist, dass du zustimmst und abwartest, was dann passiert. Anne sollte ihrer Mutter beispielsweise einfach alles bestätigen, was sie als ihre Meinung verkündet hat: »Ja, es ist furchtbar«, »als Frau hat man ab einem gewissen Alter gar keine Chance mehr«, »alle Männer sind am Ende eine Enttäuschung«, »es ist wirklich schlimm, gar keine Freunde zu haben«. Dann wartest du ab, bietest aber keine Hilfe an, auch wenn es dich dazu drängt und du vielleicht eine wirklich gute Idee hättest, die das Problem tatsächlich sofort lösen würde.

Schon die kleinste Änderung bei dir regt den anderen an, sich vielleicht auch zu verändern.

Lass dir viel Zeit: Dein Gegenüber muss zuerst verstehen, dass du die Verantwortung zurückgegeben hast. Das dauert. Aber alles wird ansonsten ewig so bleiben, wie es ist.

Diese kleine Veränderung sorgt oft schon für Verblüffung, weil du wahrscheinlich seit vielen Jahren mitgespielt hast, immer neue Vorschläge gemacht, die alle verworfen wurden, doch wieder zugehört. Annes Mutter war geradezu irritiert, als ihre Tochter sie nicht mehr aufzumuntern versuchte. »Wie bist du denn heute drauf? Total negativ, schlechten Tag gehabt?«, sagte sie. Hör dir auch nicht mehr die immer gleichen Erinnerungen, Klagen oder Erwägungen an. Du kannst derartige Schleifen durchbrechen: zusammenfassen (»Du erzählst ja immer wieder, dass…«) und zurückgeben (»Was willst du jetzt tun?«). Wichtig und sicher nicht leicht für dich: Halte die Spannung aus, dass du selbst keine Hilfe anbietest, auch wenn das bisher deine Rolle gewesen ist. Du kannst deine Kommunikation jederzeit ändern.

Wenn die bisherige Methode nicht mehr funktioniert
Nach dieser Veränderung wird dein Gegenüber sehr schnell feststellen, dass die bisherige Methode nicht mehr funktioniert. Du stehst nicht mehr als Seelsorger und Dauerhelfer bereit, nicht einmal mehr dafür, sich zu streiten. Es kann sein, dass du damit uninteressant wirst und sich die Person jemand Neues sucht, wenn sie sich selbst nicht verändern will. Oder aber sie entdeckt, dass es vielleicht doch nicht ganz sinnlos wäre, auch einmal etwas anderes zu probieren, sich beispielsweise in der Nachbarschaft umzusehen, Hobbys zu beginnen, Veranstaltungen zu besuchen. Das ist schon nicht mehr deine Sache, auch wenn du es mit Interesse beobachtest.

Gib praktische Tipps erst, wenn sich schon etwas bewegt. Vorher sind sie völlig sinnlos.

Frühestens dann kannst du auch Tipps anbringen, etwa von eigenen Erfahrungen erzählen. Aber auch hier gilt: Lass dein Gegenüber machen und entscheiden und halte dich selbst dabei weitgehend zurück. Es braucht Zeit für diesen Erkenntnisprozess – wenn du ständig »helfen« willst, reißt du die Verantwortung immer wieder an dich und verhinderst dieses Umlernen.

In Momenten des Zweifels erinnere dich daran, dass es in den heutigen Zeiten wirklich nur noch wenig Geheimwissen gibt. Alle wichtigen Informationen, die man für seinen Alltag benötigen könnte, finden sich für jeden zugänglich in Büchern, Zeitschriften, auf Internetseiten, in Videos und Blogs. Zu jedem denkbaren Thema kann man sich innerhalb weniger Minuten gut informieren. Es liegt also überhaupt nicht in deiner Verantwortung, andere mehr oder weniger subtil darauf hinzuweisen. »Hast du das hier schon gesehen?« ist, wenn wir ehrlich sind, meist die nette Form von: »Mach doch endlich, was hier steht!«

> **Lernen lassen**
>
> Wenn sich dein Praktikant oder Azubi mit seiner Arbeit abmüht, nimmst du sie ihm nicht weg und erledigst sie selbst, weil das schneller gehen würde. Sondern du hilfst ihm, den Frust zu überstehen und selbst die Lösung zu finden. Ebenso solltest du auch anderen Menschen in deinem Leben erlauben, die Lektionen zu lernen, die du bereits beherrschst. Sie mögen anfangs langsamer und unsicherer sein, werden aber nur Routine und Sicherheit gewinnen, wenn du sie machen lässt.

Seltenere Anrufe

»Das klingt sehr komisch«, meinte Anne, als ich mit ihr diese Taktik durchgesprochen hatte, und klang tatsächlich skeptisch. »Ich kann doch nicht einfach *nichts* mehr sagen, wenn sie mir wieder mit einem Problem kommt.« Doch sie nahm sich vor, das zumindest für einige Zeit konsequent so zu halten – mit erstaunlich schnellem Erfolg. Auch wenn ihr die kurzen Momente der Stille am Telefon, wenn sie sich neue Ratschläge verkniff, anfangs unangenehm waren. Ihre Mutter beklagte nach wenigen Anrufen, dass Anne »gar nicht mehr richtig Zeit« habe und berichtete später etwas spitz von einer »sehr verständnisvollen und anständigen« Nachbarin, mit der sie nun mehr unternehme.

Die Anrufe wurden weniger, dafür angenehmer. Ihre Mutter hatte wieder etwas zu erzählen, das ihr Freude machte und tatsächlich interessant war, und auch mehr Fragen dazu, was ihre Tochter eigentlich so »die ganze Zeit« mache. Anne freute sich zunehmend darauf. Telefon und WhatsApp sollten, so führte sie es ein, nur noch dazu dienen, eine Verabredung zu planen, etwa einen Cafébesuch oder eine gemeinsame Shoppingtour.

Notfalls auflegen ist erlaubt
Unerwünschte Anrufe sind schrecklich, nicht ohne Grund spielen sie eine Hauptrolle in Gruselfilmen von »Psycho« bis »Ring« – »Wer sind Sie, was wollen Sie von mir!? Lassen Sie mich in Frieden!« Der Einbruch in unsere Intimsphäre – eben noch ruhig auf der Couch, plötzlich im telefonischen Kreuzverhör – ist echter Horror. Du kannst dich dem entziehen und im Notfall immer noch eine »technische Störung« vorschieben. Einfach mehrmals »Hallo? Hallo?« sagen, Tasten drücken, dass es ordentlich piepst, dann ratlos in den Raum rufen, »da ist wohl wieder was mit den Masten nicht in Ordnung!« und auflegen. Folgeanrufe ignorieren und dich für die gewonnene Schlacht beglückwünschen: Eindringling erfolgreich versenkt.

Eine kleine Übung: Biete eine Woche lang keine Hilfe mehr an

Du kannst also Grenzen setzen, indem du dich bewusst nicht mehr ständig anderen als Helfer anbietest, auch wenn es dich innerlich dazu drängt. Diese kleine Übung kann dir dabei helfen. Achte eine Woche lang in deinen beruflichen und persönlichen Gesprächen darauf, wann es dich dazu drängt, jemandem deine Hilfe anzubieten – und verzichte darauf. Stelle stattdessen eine interessierte Nachfrage, »Was hast du dir vorgenommen?«, »Was für Pläne hast du jetzt?«, und gib danach die Verantwortung zurück: »Da bin ich ja gespannt, was du als Nächstes machst!«, »Da wünsche ich ganz viel Erfolg dabei.« Ziehe nach einer Woche Bilanz, was sich für dich verändert hat, in deinem eigenen Wohlbefinden und in deinen Beziehungen.

Dir helfen?
Du schaffst das schon allein

Sarinas Kollegin schiebt ihr immer wieder ihre eigenen Aufgaben auf den Schreibtisch – sie könne es doch am besten. Deine Lektion: Falle nicht mehr darauf rein, wenn sich jemand absichtlich dumm stellt.

In einer Kolumne hatte Sarina, Sekretärin in einer Logistikfirma, einmal gelesen: »Es gibt zwei Arten von Frauen: fette Kühe und dürre Ziegen.« Ab einem gewissen Alter, so hieß es da, gebe es für Frauen nur zwei Richtungen: »mollig oder hager«. Im Rückblick – sie hatte sich den Beitrag seinerzeit ausgedruckt und aufgehoben – fehlte ihr eine dritte Kategorie: »Die mittelschlanke dumme Sau.«

Mit ein paar Schmeicheleien kommen viele Menschen ziemlich weit. Lass dich nicht einwickeln.

Das Prachtexemplar, an das sie dabei dachte, hatte sie jeden Tag direkt im Blick, vier Schritte über den Polyesterteppich ihres Büros entfernt: ihre Kollegin, die sich darauf spezialisiert hatte, ihr alle lästigen Arbeiten zuzuschieben und dabei auch noch so zu tun, als wäre das ein besonderes Kompliment.

»Du machst das einfach immer so toll«, sagte sie zum Beispiel gern, wenn sie Sarina wieder einmal einen halbfertigen Brief mailte, der noch vor Feierabend raus musste. »Schau mal, wie du den findest. Ich muss sowieso gleich weg.«

War eine Berechnung in Excel einzutragen, konnte Sarina sich sicher sein, dass ihre Kollegin spätestens am Nachmittag an ihrem Schreibtisch stehen und wie beiläufig fragen würde: »Wie ging das noch mal mit den Formeln?« Bei den Erklärungen würde sie sich so lange ahnungslos stellen – »Moment mal, muss da jetzt ein ›gleich‹ oder ein ›plus‹ hin?« –, bis Sarina genervt den Satz sagen würde, den sie danach immer bereute: »Ach, gib her, ich mach's gleich selbst fertig.« – »Echt? Ach, du bist klasse!« Und weg war die Kollegin in den Feierabend.

Manche Kollegen sind Vollprofis darin, Arbeit abzuschieben

Sarina hatte ein Coaching gebucht, weil sie sich »besser organisieren« wollte. Aber schon nach wenigen Sätzen standen ihr die Tränen in den Augen, und sie drehte sich beschämt weg. »'tschuldigung, eigentlich bin ich nicht so empfindlich. Aber die Situation in der Firma macht mich fertig.« Ich bemerkte, dass ihre Haare, obwohl gut geschnitten, strähnig waren. Sie hatte Augenringe, auf ihrem Pullover waren Fussel. »Ich komme zu gar nichts mehr«, sagte sie verlegen, als sie meinen Blick sah. »Wenn ich nach Hause komme, bin ich total erledigt, überlege aber schon, was am nächsten Tag alles los sein wird.«

Für einen Coach ist das äußere Bild eines Klienten keine oberflächliche Belanglosigkeit. Es ist, wenn sich jemand – wie Sarina – gerade nicht gut fühlt, auch nicht kritikwürdig, schon gar nicht peinlich. Es gibt Hinweise darauf, was dem Klienten wichtig ist, wenn es um Mode und Stil, damit auch um sein Selbstbild geht, vor allem aber, wie es ihm gerade gehen könnte. Sarina wirkte auf mich wie jemand, der schon lange nicht mehr an sich selbst gedacht hat. Zudem ließ mich ihr Wunsch, sich zu »optimieren«, aufhorchen: Heutzutage – nach all den entsprechenden Büchern, Programmen und Apps – sagt das oft jemand, der das bereits seit langem tut und sich schon damit überlastet.

Wer sich innerlich nicht gut fühlt, erkennt das unschwer auch an seinem Äußeren. Ein Blick in den Spiegel gibt die Antwort.

Eine lange Vorgeschichte
»Du hast ja geschrieben, dass es bei dir um Stress im Job und ein Problem mit einer Kollegin geht«, nahm ich das Gespräch wieder auf. »Wie ging das damals los?« Sarina wischte sich über die Wange, lächelte etwas gequält, dann doch entschlossen, und blickte eineinhalb Jahre zurück. An diesem Tag hatte sie in dem mittelständischen Unternehmen begonnen.

»Ich bilde mir ein, dass ich ziemlich offen bin, wenn ich neue Leute kennenlerne«, erinnerte sie sich. »Als mir das Team vorgestellt wurde, habe ich jedem die Hand geschüttelt und nur gedacht: Das lässt du mal auf dich zukommen. Ich war vorher ziemlich lange arbeitslos gewesen und vor allem froh, etwas gefunden zu haben. Die Kollegin, um die es hier geht, ist mir an dem Tag gar nicht aufgefallen, ich könnte noch nicht mal sicher sagen, ob sie überhaupt dabei war oder gerade frei hatte.«

Halbherziges Abwehren funktioniert bei den bewusst Unverschämten überhaupt nicht.

Sarina arbeitete sich schnell ein und registrierte nach einigen Wochen mit einem gewissen Stolz, wie oft sie schon um Rat gefragt wurde. Die bewusste Kollegin stand bald mehrmals täglich vor ihr, was ihr aber erst nach einiger Zeit auffiel: »Kannst du das mal für mich gegenlesen? Ist in Englisch, da bin ich nicht perfekt.«, »Weißt du, wie man bei PowerPoint das Format ändert? Irgendwie klappt das bei mir nicht.«, »Kannst du noch diesem Kunden antworten? Ich muss gleich zum Termin.«, »Wie geht das noch mal mit der Anrufweiterleitung? Ich kriege das mit unseren neuen Telefonen nie hin!«

Anfangs fand sie das noch lustig, bald aber lästig. Halbherzig wehrte sie zumindest einige der Bitten ab – »Muss das jetzt sein?«, »Ich habe selbst noch zu tun.« –, half dann meist aber doch. »Eigentlich bin ich immer noch der Meinung, dass man sich im Team gegenseitig unterstützen muss«, sagte sie mir. »Aber hier lief das komplett einseitig. Mein Fehler war schon immer, dass ich mich nicht richtig durchsetzen kann. Da macht sie eben mit mir, was sie will.« Die letzten Worte klangen verbittert, dieses Eingeständnis schmerzte, und es hörte sich an, als sehe sie einen Charakterfehler bei sich als Ursache.

Sarina geriet bald mit ihren Aufgaben immer wieder in Verzug oder musste nachbessern. Ihre Vorgesetzte wies sie auf Tippfehler, falsche Formatierungen, verpasste Fristen hin. »Vor dem Ende meiner Probezeit hatte ich die erste Aussprache mit ihr. Mein Vertrag wurde zwar verlängert, aber ich fühle mich seitdem wie auf Bewährung«, sagte Sarina. »Ich kriege zwar alles irgendwie hin, aber es ist eine ständige Hetze und nie ganz richtig. Meine Chefin mag mich, aber in dieser Sache hat sie Recht: Ich muss mich besser organisieren lernen.«

Oft liegt das Problem an ganz anderer Stelle als zuerst gedacht.

Ihre Kollegin dagegen, das fiel Sarina trotz all dem Stress schon auf, war meistens recht entspannt und hatte keine Probleme, ihre Aufgaben pünktlich abzuliefern. Sie könne eben, wie Sarina von der gemeinsamen Chefin hören musste, »Prioritäten setzen und auch mal was delegieren. Nimm dir da ruhig ein Vorbild, sie ist ja auch schon länger bei uns«.

Eine Priorität der Kollegin war pünktlicher Feierabend. Sarina berichtete: »Jeden Tag – ich schaue immer extra auf die Uhr – geht sie exakt um 16.28 Uhr aus dem Büro, um ihren Bus fünf Minuten später zu kriegen. Da kann mein Schreibtisch voller Akten liegen, ihr Telefon genau in dem Moment klingeln und die halbe Abteilung krank sein. Sie bleibt keine Minute länger, sonst müsste sie ja den nächsten Bus nehmen, das wäre 20 Minuten später.«

Den Grund für diese Pünktlichkeit fand Sarina im Laufe der Zeit heraus, ganz nebenbei durch mitgehörte Telefonate und zufällig gesehene Chatfenster auf dem PC: Ihre Kollegin war privat äußerst umtriebig in den verschiedensten Bereichen und scheinbar ein Multitalent. Auf eBay verscherbelte sie Krimskrams vom Flohmarkt, den sie vorher daheim aufgearbeitet hatte, bei Etsy selbstgefädelte Perlenkettchen, bei denen sich Sarina fragte, wer um Himmels willen dafür mehr als fünf Euro ausgab. Daneben war da der Garten, der nach Feierabend versorgt werden musste, und ein Ehemann. »Eigentlich bin ich schön doof«, meinte Sarina, die ihrerseits immer wieder ihren Yoga-Kurs ausfallen ließ, für den sie sogar ein Monatsabo bezahlte. »Ich könnte einfach immer ›Nein‹ sagen, wenn sie etwas von mir will. Aber dann würde ich mich egoistisch fühlen. Das ist doch verrückt, oder?«

Einen frustrierenden Bürojob schönreden – warum eigentlich?

Natürlich kann man sich selbst den undankbarsten Bürojob schönreden: tagsüber ein Dach über dem Kopf, immergrüne Topfpflanzen von 1993 um sich herum und vielleicht eine mütterliche Kollegin im Team, die alle ständig mit ihrem Geburtstagskalender, Geld- und Unterschriftensammlungen für Geburtstags-, Hochzeits- und Babykarten beglückt.

Andere flüchten sich in die klassische Ablenkung, eine Affäre mit einem Kollegen. Zwar sind die Optionen dafür meist eingeschränkt, wenn es nicht gerade jemand sein soll, der bereits geschieden ist, Unterhalt für zwei Kinder zahlen muss und nur

Man kann sich immer ablenken, löst damit aber kein Problem.

noch »was Unverbindliches« sucht, das dafür gern 20 Jahre jünger sein darf. Aber das läuft wie bei den Knabbereien, die in Büros herumstehen: Die Ferrero Celebrations und Chipsfrisch Ungarisch können noch vom vorletzten Betriebsfest sein – inzwischen völlig ausgetrocknet und mit einem grauen Film überzogen –, irgendjemand greift am Ende trotzdem zu.

Helfersyndrom ausgenutzt

Eine Bekannte hatte wegen ständigem Ärger im Büro einen sündhaft teuren Meditationskurs auf Sri Lanka gemacht, der sie laut Beschreibung wieder »ganz in die Balance« bringen sollte. Leider verflog die Wirkung schnell, am ersten Arbeitstag nach dem Urlaub so ungefähr gegen 8.45 Uhr. Puff, Stress zurück! Dabei sind die meisten Sachbearbeiterstellen noch nicht einmal so gut bezahlt, dass sich langes Leiden lohnen würde oder wenigstens durch regelmäßige Frustkäufe ausgleichen ließe.

Sarinas Kollegin dagegen hat perfektioniert, was Daniela Katzenberger in ihrem Buch als ihre angebliche Taktik verkündet – »sei schlau, stell dich dumm« –, aber ganz ohne Ironie: einfach so tun, als ob man es nicht selbst könne. Wäre doch gelacht, wenn sich nicht jemand fände, der sein chronisches Helfersyndrom nicht unter Kontrolle kriegt!

Man kann nur spekulieren, was passieren müsste, dass sie einmal länger bliebe – ein drohender Konkurs, ein Erdbeben, eine neue Sintflut? Aber wahrscheinlich hätte selbst Noah von ihr gehört: »Tut mir leid, du musst die Arche allein vollkriegen. Ich muss zum Bus.« Vollprofis im Abwimmeln bleiben hart.

Kollegial zu sein heißt nicht, ständig für andere einzuspringen

Sarina ist eine Mitarbeiterin, wie sie sich jeder Arbeitgeber wünscht. Ihr ist wichtig, dass alles pünktlich und gut erledigt wird. Sie würde es für unkollegial halten, nicht zu helfen, wenn sie gefragt wird. Doch ihr Teamgeist und ihr Verantwortungsgefühl gehen zu weit; sie führen dazu, dass sie immer wieder zuerst Aufgaben ihrer Kollegin erledigt, während ihre eigenen liegen bleiben.

Mit eingeredetem Schuldgefühl kann man andere noch immer am einfachsten manipulieren.

Zwar könnte sie auch mal etwas gegen die Wand laufen lassen, um ihre Kollegin ein wenig »zu erziehen«, aber da hätte sie das Gefühl, Mitschuld zu tragen und der Firma zu schaden, und damit auch allen anderen. So stellt sie ihre eigenen Bedürfnisse lieber hinten an, jeden Tag aufs Neue.

Ein wenig gutgläubig setzt Sarina zudem voraus, dass ihre Kollegin etwas lernen wolle und ein Appell an deren Pflicht- und Verantwortungsgefühl – »komm, das kriegst du doch auch selber hin« – sie in eine reumütige Sünderin im Großraumbüro verwandeln würde.

Das ist natürlich nicht der Fall. Ihre Arbeitskollegin hat erkannt, dass es Sarina schwerfällt oder mit ihrem bisherigen Arbeitsethos gar nicht möglich ist, Bitten abzulehnen. Ein kleines Lob oder Kompliment, und Sarina steht bereit, sich zu beweisen. Ihre Kollegin nutzt das aus, indem sie sich ein bisschen dumm stellt und lästige Aufgaben weiterreicht.

Für Sarina hat all das nur Nachteile: Sie hat Stress, den sie gar nicht haben müsste, ruiniert ihren Ruf (»nicht gut organisiert«) und verdirbt sich die Karrierechancen. Für was?

Fleiß zahlt sich nicht immer aus

Am Anfang des Berufslebens hat wohl jeder daran geglaubt, dass sich Fleiß am Arbeitsplatz auszahlen würde. Im Prinzip stimmt das. Er zahlt sich nur oft nicht für denjenigen aus, der fleißig ist. Jeder Bauer weiß: Das Huhn, das am meisten herumrennt, bleibt das dürrste. Wer sich für andere abrackert, kriegt meistens nicht die fetten Jobs, sondern höchstens ein fettes Magengeschwür, während der andere entspannt den Intraneteintrag zu seiner nächsten Beförderung formuliert und ansonsten gemütlich seinen Urlaub vorplant.

Ein ehemaliger Arbeitskollege – intelligent, fachkundig und enorm fleißig – sitzt seit bald 30 Jahren an exakt gleicher Stelle, ohne je einen Karriereschritt gemacht zu haben. Er hat sich durch seine Arbeitsamkeit so unentbehrlich gemacht, dass jeder Chef verrückt sein müsste, wenn er ihn befördern würde. Er würde sich nur selbst schaden: Wer soll denn dann bitte all den undankbaren Kleinkram erledigen? Vermutlich würde sich kein Nachfolger je auf so etwas einlassen. So bleibt der Kollege eben, wo er ist, und hält den Betrieb am Laufen, während seine Chefs kommen und gehen und immer wieder auch mal ein Teammitglied an ihm vorbeizieht. Das Gehalt ist in Ordnung, aber auch nicht berauschend. Wer zu viel arbeitet, hat keine Zeit mehr für Karriere, das muss auch Sarina feststellen. Hilfsbereitschaft und Engagement sind ehrenhaft, aber nur in einer gesunden Dosis und auf der Basis von Gegenseitigkeit und Ausgewogenheit.

Leichter Ausweg
Sich über sein Gegenüber zu ärgern oder wütend zu sein bringt in dieser Lage nicht viel. Sarinas Kollegin ist wahrscheinlich gelangweilt von ihrem Job, hat aber auch keine Lust, nach etwas Neuem zu suchen. So schaut sie, wie sie möglichst viel unangenehme Arbeit loswird und sich ansonsten ihrer Freizeit widmen kann – selber schuld, wer da mitmacht.

Keiner ist so hilflos, als dass er pausenlos Unterstützung von anderen brauchen würde.

Würde Sarina nicht mehr bereitstehen, dann eine andere Kollegin, oder sie würde es mit ein bisschen Gemaule eben selbst erledigen. So unfähig und hilflos kann sie nicht sein, wenn sie bereits länger als Sarina im Unternehmen beschäftigt und bis heute gut angesehen ist. Sie spielt das Naivchen nur.

Wahrscheinlich würdest du, wenn du wie Sarina um Hilfe gebeten würdest, ebenfalls gern etwas für dein Gegenüber tun, vielleicht sogar mehrmals. Leider hört das, wie Sarinas Beispiel zeigt, bei einigen Leuten nie auf. Protestierst du genervt

(»Schaffst du das denn nicht selbst?!«), wird das überhört. Sagst du, dass du schon selbst genug zu tun hast, wird das als Nebensache abgetan (»Nur ganz kurz…«). Willst du erklären, wie es geht, brauchst du für all die Erläuterungen und Antworten auf Rückfragen tatsächlich mehr Zeit, als wenn du es gleich selbst erledigen würdest. Am Ende gibst du unvermeidbar frustriert auf, in der falschen Hoffnung, damit nun endlich deine Ruhe zu haben – bis zum nächsten »Ach, kannst du nicht mal…?«

Am meisten hilfst du anderen oft, indem du nicht mehr hilfst

Es gibt eine bessere Strategie, und die liegt darin, dass du deinen Begriff von »helfen« erweiterst: Du hilfst jemandem manchmal am meisten, indem du ihm nicht mehr hilfst.

Stell dir beispielsweise vor, du gehst ins Sportstudio und siehst dort, wie sich ein Mann mit den Gewichten abmüht, dabei schwitzt und stöhnt. Würdest du hingehen und sie ihm abnehmen, »lassen Sie mich helfen«? Natürlich nicht. Oder stell dir vor, dein Kind müht sich mit den Hausaufgaben ab und ist völlig frustriert. Würdest du sagen: »Na komm, dann lass mich das machen?« Hoffentlich ebenfalls nicht. Du würdest in beiden Fällen zwar kurzzeitige Linderung verschaffen, aber genau damit verhindern, dass die Person etwas lernt, besser und stärker wird. Dahin kommt sie nur, wenn du sie »leiden« lässt – darin besteht deine Hilfe. Alles andere hebst du dir für die echt Bedürftigen und absolute Ausnahmefälle auf.

Auch wenn es erst mal herzlos klingt: Jemandem zu helfen ist nicht immer die sinnvollste Lösung.

Sarina gewöhnte sich an, jedes Hilfegesuch ihrer Kollegin freundlich zurückzugeben. Wurde sie gefragt: »Kannst du für mich noch mal in die Poststelle runter?«, sagte sie: »Ich war heute schon da, das würde bis morgen liegen bleiben.« Hieß es:

»Weißt du, wie man bei Word die Ränder anders einstellt?«, antwortete sie: »Da bin ich auch nicht sicher, aber auf YouTube gibt es ziemlich gute Anleitungen, soweit ich weiß.«

> ### Nur ein kurzer unangenehmer Moment
>
> Es ist immer kurz ein unangenehmer Moment, wenn du anderen nicht hilfst, obwohl du könntest und es dir vielleicht sogar selbst wünschst. Wenn du diesen Moment aushältst, hilfst du sowohl deinem Gegenüber als auch dir selbst am meisten. Vor allem aber befreist du dich von der Angewohnheit, anderen immer sofort beispringen zu wollen, als könnte es ohne deine Hilfe gar nicht gehen.

Den Erfolg deiner veränderten Kommunikation erkennst du daran, dass die Hilfegesuche abnehmen: die ständigen Fragen, Anrufe, E-Mails und Nachrichten bestimmter Personen, die immer ein Problem haben, das du doch bitte »schnell mal ganz kurz« für sie lösen sollst und bisher auch gelöst hast.

Sei nicht schockiert, wenn sie dir an diesem Punkt vielleicht vorwerfen, »total egoistisch« oder »rücksichtslos« zu sein, also geradezu das Gegenteil der Realität. Das ist ein bisschen wie in der Trotzphase bei Kleinkindern: Das Loslösen von Mama und Papa ist unangenehm und mit viel Tränen und Geschrei verbunden, aber der erste Schritt zum Erwachsenwerden. Manche sind eben erst mit Mitte 50 soweit und brauchen dafür einen liebevollen Stups. Das ist Teil der psychologischen Kriegsführung!

Anfragen zurückgeben

»Soll ich jetzt wirklich einfach nicht mehr helfen«, fragte mich Sarina etwas unsicher. Ich sagte: »Exakt das«, und wir spielten einige erwartbare Dialoge durch. »Fühlt sich komisch an«, meinte sie, denn bisher sollte es immer ganz anders sein: Zu Hause musste sie »ihren Beitrag« leisten. Später hatten ihre Vorgesetzten immer darauf hingewiesen, dass man seinen Kollegen helfen müsse, »das gehört zur internen Kundenorientierung«. Ich fragte zurück: »Was ist mit deiner Arbeit, bekommst du Hilfe?« Sarina machte sich da keine Illusionen: »Von ihr ganz sicher nie.«

Du wirst feststellen, dass die anderen plötzlich auch ohne deine Hilfe klarkommen.

Diese Klarheit ist übrigens gar nicht so selten in Beziehungen in Schieflage: Man weiß selbst doch ganz gut, was man von dem anderen zu erwarten hat, vor allem, wenn es nicht besonders viel ist. Wer den Fehler bei sich selbst sucht, macht das einige Zeit mit, aber irgendwann ist es eben doch genug.

Einige Wochen später kündigte Sarinas Kollegin überraschend, sie wolle sich »nicht mehr so abrackern« und suche jetzt eine Teilzeitstelle. Ihr Job war in den Wochen zuvor nicht mehr so entspannt gewesen wie in den Jahren zuvor, und ihr Bus fuhr immer häufiger ohne sie los. Sarina sah sie wütend am Schreibtisch sitzen und grimmig in den Computer hacken. Sie erzählte mir später amüsiert, wie sehr sie dieser Anblick an unser Coaching erinnerte: »Genau wie das wütende Kind mit den Hausaufgaben! Aber das wird sie schon hinkriegen, wenn nicht mehr hier, dann spätestens am nächsten Arbeitsplatz.«

Die schönsten Parasiten werden regelmäßig in den Reportagen von »National Geographic« oder »BBC Earth« vorgestellt, einer raffinierter als der andere. Gemein ist ihnen allen, dass sie hinterlistige Blutsauger sind und ihre Opfer es oft erst merken, wenn es fast zu spät ist. Auch manch unangenehmer, aber weit verbreiteter Bürokollege – Spezies »Gemeiner Fiesling« – hätte darin seinen Platz verdient. Bei diesen Plagen hilft nur, sie so schnell wie möglich wieder loszuwerden. Sie können gern auf Jagd gehen, aber bitte ab sofort woanders.

Eine kleine Übung: Nur erklären, nicht mehr schnell selbst erledigen

Du kannst also Grenzen setzen, indem du darauf verzichtest, etwas für andere zu erledigen und es dabei belässt, es ihnen zu erklären, damit sie es endlich selbst lernen. Wenn du das nächste Mal gefragt wirst, wie etwas Bestimmtes geht, erkläre es geduldig. Widerstehe der Versuchung, es selbst schnell machen zu wollen, weil die Zeit drängt oder du keine Geduld hast. Wiederhole stattdessen deine Erklärung mit mehr Details und biete an, sich einmal gemeinsam Zeit zu nehmen, um die Aufgabe einzuüben. Wenn du willst, kannst du auch eine schriftliche Erläuterung (zum Beispiel für das Intranet deiner Firma) anfertigen, auf die du zukünftig immer verweist. Beobachte, wie die Zahl der Forderungen an dich langsam sinkt.

Ich kann nicht immer warten, bis ihr bereit seid

Peter wollte seinen ungeliebten Job längst kündigen, aber Routine und familiäre Verpflichtungen halten ihn fest. Deine Lektion: Du kannst nicht mit allen Entscheidungen warten, bis die Umstände ideal sind.

Manchmal hörte sich Peters Lebensplanung selbst für ihn wie das Verbüßen einer Haftstrafe an, obwohl er gar nichts verbrochen hatte: »Ich habe nur noch zwölf Jahre«, sagte er, wenn er nach seinen Zukunftsplänen gefragt wurde. »Dann ist unsere Große mit der Uni fertig, und wir haben das Haus abbezahlt.«

Seit 15 Jahren arbeitete er als Verwaltungsangestellter bei einer Behörde und hatte nicht vor, noch einmal zu wechseln. In zwölf Jahren, so hatte er es mit seiner Frau abgesprochen, würde er in den Vorruhestand gehen oder zumindest die Arbeitszeit reduzieren. Das war, kein Zweifel, vernünftig, klang aber selbst für ihn ungefähr so reizvoll wie: Dann bin ich alt, endlich!

Seine Frau versuchte, sich nach längerer Arbeitslosigkeit mit einem Interieurgeschäft zu etablieren. Wenn er nachrechnete, was er seinen Nerven zuliebe selten tat, kostete sie das deutlich mehr Geld, als es einbrachte.

Werde hellhörig, wenn angeblich immer die anderen an einer Notlage schuld sind.

»Die Leute hier haben keinen Stil«, begründete seine Frau die ausbleibende Kundschaft. Gelegentlich kam es vor, dass Peter ihr zuliebe etwas aus ihrem Lager kaufte, etwa dieses chinesische Tischchen, das er persönlich scheußlich und übertewert fand, und das nun bei ihnen in der Diele stand.

Immerhin war ihre Tochter, elf Jahre alt, ein Sonnenschein, auch wenn er mit Sorge bemerkte, dass seine Frau sie jetzt auch ermutigte, später »etwas mit Kunst oder Design« zu machen.

Peter hatte sein Coaching begonnen, weil ihm sein Leben »irgendwie sinnlos« vorkam. »Im Grunde genommen kann ich mich nicht beklagen«, meinte er nachdenklich. »Ich habe einen sicheren, nicht uninteressanten Job, eine Familie, ein Haus. Ich bin gesund und könnte bis zur Rente so weitermachen. Doch diese Vorstellung deprimiert mich. Das kann doch nicht alles gewesen sein! Manchmal denke ich, dass das eine Art Wohlstandsneurose ist und ich mich ein bisschen zusammenreißen sollte. An anderen Tagen denke ich, dass ich kündigen und noch einmal etwas Neues anfangen sollte, obwohl das verrückt wäre.«

Nichts ist deprimierender als eine Zukunft, in der nur noch graue Routine auf einen wartet.

Viele Coaching-Klienten in der Lebensmitte, die beruflich und persönlich erfolgreich sind, haben ein ähnliches Anliegen: die Suche nach einem Sinn über das Geldverdienen und die Sicherheit eines Arbeitsvertrags hinaus, Sehnsucht nach etwas, das weniger vergänglich ist als die tägliche Routine. Nur die wenigsten wünschen sich, komplett aus ihrem bisherigen Leben auszusteigen – »Dann werde ich jetzt Surflehrer in Kalifornien!« –, fast immer geht es nur darum, Details zu verändern und dadurch andere Schwerpunkte zu setzen, etwa mehr Zeit für sich selbst und eigene Projekte zu haben.

Zu viel Verantwortung erdrückt langfristig jeden

»Ich hatte ursprünglich etwas ganz anderes geplant«, erzählte Peter mir im ersten Gespräch. »Ich habe Sportwissenschaften studiert und mit vorgestellt, dass ich – wenn es nicht für eine

Profikarriere reicht – als Trainer arbeiten und ein Studio oder Sportgeschäft eröffnen würde. Nun ist es das Sportamt geworden, ich stemme also hauptsächlich Akten. Aber das ist nicht so langweilig, wie es vielleicht klingt. Ich habe den Verwaltungswirt nachgeholt und lerne jeden Tag etwas dazu. Das große Abenteuer ist es allerdings auch nicht, und jetzt mit 50 frage ich mich, wann das für mich noch kommen soll, wenn überhaupt.«

Er berichtete, dass der sichere Arbeitsvertrag ihnen vieles ermöglicht habe, darunter den Kauf des Hauses und dass seine Frau ihre Selbstständigkeit mit unplanbaren Einnahmen hatte beginnen können. »Für mich hieß das allerdings, dass ich mich nicht groß bewegen konnte und eine Menge hinnehmen musste«, erinnerte er sich. »Vor fünf Jahren wurde unser Urlaubsgeld um 20 Prozent gekürzt, später die Wochenarbeitszeit eine Stunde hochgesetzt. Einige Kollegen mussten die Abteilung wechseln, als unser Team verkleinert wurde. Ich konnte bleiben, aber Forderungen, etwa nach einer nennenswerten Gehaltserhöhung, kann ich nicht stellen. Mein Chef hat klar gesagt, dass ich nach heutigen Standards schon zu viel verdiene und zu diesen Bedingungen nicht mehr eingestellt würde.«

Halbherzige Bewerbungen
Einige Male hatte Peter interessante Stellenanzeigen gesehen, aber auf eine Bewerbung verzichtet, weil er sowieso nicht gewechselt hätte. »Vor zwei Jahren hat mich ein früherer Kollege angerufen und gefragt, ob er mich für eine offene Stelle bei sich ins Gespräch bringen könne«, erinnerte er sich. »Das klang gut, hätte aber bedeutet, dass ich wieder mit einer Probezeit angefangen hätte. Das war mir viel zu riskant. Wir hatten das Haus schon gekauft, und meine Frau hatte gerade ihre Arbeit verloren. Ich war damals und bin noch immer für drei Leute verantwortlich. Da ist mein Spielraum sehr beschränkt.«

Vor längerer Zeit hatte Peter eine Weiterbildung gemacht, die lange sein Traum gewesen war, nämlich eine Zertifizierung zum Personal Trainer. »Die Idee war, dass ich nebenbei etwas für meine Altersgruppe anbieten könnte, sonst sind das ja immer ganz junge Leute. Das würde mich interessieren, ich sehe da eine echte Nische«, meinte er. »Zeitlich ist das allerdings ein Problem. Ich habe zwar ein wenig an einer Webseite herumgebastelt und will auch ein paar Videos für YouTube aufnehmen. Wann ich, wenn sich tatsächlich jemand melden sollte, die Kurse abhalten würde, weiß ich noch gar nicht. Wahrscheinlich abends oder am Wochenende. Allerdings erwartet meine Familie dann, dass ich Zeit für sie habe. So ganz geht das also nicht auf.«

Das gekaufte Haus hatte sich zeitweise zum Problemfall entwickelt. Durch eine Erdsenkung war noch bei der Renovierung ein Teil des Kellers eingebrochen. Peter stand damals vor der Wahl, den Reparaturkosten noch die Kosten für eine Schadenersatzklage gegen den Verkäufer hinzuzufügen. Er verzichtete wegen des völlig unklaren Ausgangs darauf, obwohl seine Frau dazu riet, und war nur froh, dass das Gebäude seitdem stabil steht.

Die größten Dramen beginnen häufig mit einem überaus optimistisch geplanten Hauskauf.

»Ob der Kauf insgesamt eine gute Idee war, weiß ich bis heute nicht, so schön es jetzt auch ist«, sagte er. »Wir konnten uns keine A-Lage leisten. Es könnte einmal schwierig werden, es zu einem guten Preis wieder zu verkaufen, wenn wir aus beruflichen Gründen umziehen müssten oder wieder in der Stadt leben wollten. Am Ende müssten wir irgendwelche Steuervorteile oder Zuschüsse zurückzahlen, so ging es zumindest einer Kollegin.« Die Option, dann eben nie mehr etwas zu ändern, war für ihn allerdings keine. Dafür fühlte er sich dann doch zu jung.

Bei einem teuer bezahlten Seminar hatte er einmal einen Motivationstrainer aus den USA erlebt, der die mutigsten Teilnehmer dazu gebracht hatte, über glühende Kohlen zu laufen. Das war nichts für ihn. Allerdings wollte er auch nicht mehr ständig für andere die Kohlen aus dem Feuer holen müssen.

Nicht jede Karriere muss in Hollywood oder im Silicon Valley enden

Meine Bank forderte, als ich kürzlich am Geldautomaten war, auf dem Startbildschirm in großer Schrift von mir: »Lebe deinen Traum!« Ich dachte: Ob der Bankkaufmann am Schalter das wohl schon tut? Er war gerade dabei, wieder einmal einem zerstreuten Rentner den Überweisungsauftrag per Hand auszufüllen, sah zehn genervte Kunden dahinter in der Schlange und hatte sein Tagessoll an Sparverträgen bestimmt noch nicht verkauft.

Eine lohnende Investition

Nicht jedes Berufsleben muss spektakulär verlaufen und in Hollywood oder im Silicon Valley enden. Aber lohnen sollte sich deine Mühe auf lange Sicht. Manch einer hat einen Ausbildungsweg hinter sich, der länger ist als die Abschiedstournee der Rolling Stones, und die hat begonnen, als der Grand Canyon noch eine flache Kuhle war. Achte bei deinen Planungen darauf, dass sich deine Anstrengungen auszahlen, ehe du die nächsten auf dich nimmst.

Berufliche Träume hat natürlich jeder. Es ist kein Zufall, dass jede Rückführungstherapie mit dem Ergebnis endet, dass jemand sich ganz deutlich daran »erinnert«, in einem früheren Leben Mönch in einem mittelalterlichen Kloster, Schlossherr mit vielen Burgfräuleins, Tänzerin am Hof des Pharaos oder Haremsdame gewesen zu sein. Dabei muss es doch auch schon damals Schlosser, Hilfsköche im Schichtdienst oder Sachbearbeiter im Grundbuchamt gegeben haben, die nur durch Tarif- und Arbeitsverträge vom nächsten Karriereschritt abgehalten wurden.

Bei Peter hatte sich die Rolle vom Ehepartner und Vater zum dauerhaften Alleinversorger verschoben, der »dann eben Pech gehabt« hat, wenn er auch mal eigene Wünsche hat oder nicht jede Verantwortung tragen wollte.

»Natürlich liebe ich meine Frau und meine Tochter, aber es kann doch nicht sein, dass es immer an mir liegt, die finanzielle Seite zu regeln«, meinte er in unserem Gespräch. »Ich habe das Gefühl, ich sitze durch all die Verpflichtungen noch bis zur Rente fest, und das ist ein ziemlich schrecklicher Gedanke.« Er zweifelte an einigen seiner früheren Entscheidungen, etwa dem sehr optimistisch geplanten Hauskauf und dem Versprechen, seiner Frau bei ihrer Selbstständigkeit zu helfen. Doch damals schien all das die beste Wahl.

Wer sich alle Verantwortung anhängen lässt, bekommt sie auch zuverlässig übertragen.

Vielen Familien geht es so
Peter befindet sich in der Situation vieler Familienväter: Sie empfinden ihre Ehe als partnerschaftlich, fühlen sich aber irgendwie doch »mehr verantwortlich« für die Versorgung und finanzielle Sicherheit ihrer Familie. So zahlte er seit Jahren den Hauskredit und alle weiteren Lebenshaltungskosten allein, versorgte seine Frau und ihre Tochter, fand das zwar belastend, aber absolut selbstverständlich – etwas, dass »man« einfach tut.

Allerdings war er, als seine Frau ihre Arbeit verlor, von einer kurz- bis mittelfristigen Phase ausgegangen, in der er einen größeren Anteil leisten müsse. Im Laufe der Jahre wurde ein Dauerzustand daraus, schleichend und ohne seine echte Zustimmung. Gleichzeitig hatte er Hemmungen, das einmal offen aus- und anzusprechen: »Ich kann meiner Frau gar nichts vorwerfen«, meinte er. »Die Kündigung war nicht ihre Schuld, später hat sie sich immer bemüht – viel beworben, später ihre Idee mit der Selbstständigkeit. Es liegt ja nicht an ihr, dass es nie mit einem Job geklappt hat und jetzt der Laden nicht so gut läuft.«

So sah er es auch als Teil seiner Unterstützung an, ihr keine Vorwürfe zu machen oder sie in Verlegenheit zu bringen, »es nicht geschafft zu haben«. Als solches hätte er es bereits empfunden, seine eigenen Gedanken und Gefühle auszudrücken oder sie zu fragen, wie lange es denn noch so weitergehen solle. »Ich gehe davon aus, dass sie ihr Bestes versucht«, sagte Peter nachdenklich und ein wenig resigniert. »Wenn das nicht reicht, muss ich wohl erst einmal weiter damit klarkommen. Einen anderen Weg sehe ich nicht. Oder übersehe ich hier etwas?«

Sabotiere dich nicht mehr selbst

Manche Angestellte brauchen zwei Urlaube, vier Kurzreisen, 50 Restaurantbesuche und 230 »Coffee to go« im Jahr, um festzustellen, dass ihr Gehalt immer noch nicht reicht, um endlich den Dispo auszugleichen. Selbstsabotage ist ein weit verbreiteter Lebensstil, der erfolgreich dabei hilft, unangenehme Entscheidungen und Gespräche bis in alle Ewigkeit zu verschieben. Der Ausweg: Je mehr du dafür aufwendest, dein tatsächliches Problem zu lösen, desto weniger musst du dich davon ablenken.

Neben Selbstsabotage durch zu hohe Konsumausgaben ist eine weitere populäre Taktik, fortlaufend anderen die Schuld zu geben. Eine Bekannte – ein Bachelor, zwei Master, viersprachig – sagte mir, sie fühle sie sich »unterqualifiziert«. Ihr Chef beschäftigte sie auf dem Niveau einer Sachbearbeiterin, unterminierte ihr Selbstbewusstsein durch Dauerkritik aber derart, dass sie am Ende zweifelte, ob sie überhaupt ausreichend gut telefonieren könne. Sie brauchte so viel Geld für Wellness und Pilateskurse, dass sie über Jahre keinen Stellenwechsel riskieren wollte.

Peter war, da waren wir uns nach einigen Gesprächen einig, sehr auf den Anteil seiner Familie an der Situation fixiert. Vieles ließ sich da in absehbarer Zeit tatsächlich nicht verändern. Allerdings übersah er dabei, dass er trotz allem viele Möglichkeiten hatte, schon allein etwas zu verändern und damit die Dynamik in seiner Familie insgesamt.

Keiner lebt gern nur auf Kosten anderer, auch wenn er das selbst niemals zugeben würde.

Für seine Frau war, davon konnte man ausgehen, die Lage sicher ebenso unangenehm, auch wenn manche Entscheidung von ihr vielleicht etwas gedankenlos oder gar leichtsinnig wirken mochte. Es gibt kaum jemanden, der gern auf Kosten anderer lebt, auch wenn es sich um Partner oder Verwandte handelt. Ein Stück Selbstbewusstsein und Würde gehen damit immer verloren. Das Interieurgeschäft war auch für sie nur eine Verlegenheitslösung, weil keine Bewerbung erfolgreich gewesen war. Dass es ebenfalls nicht funktionierte, war sicher schmerzhaft und eine weitere Verletzung für sie, und Peter bemerkte das. Ihr Fokus auf »alles Edle und Schöne« war damit auch ein bisschen Trost und Realitätsflucht. Verständlich, aber kontraproduktiv.

Gemeinsame Entscheidungen

Wie Peter hast du wahrscheinlich auch schon Hilfe angeboten, die irgendwann deutlich weiter ging oder länger nötig war, als du gedacht hattest oder dir vielleicht auch leisten konntest. Es ist verständlich, bringt aber nicht viel, das der anderen Person vorzuwerfen. Durch dein Handeln

Wer sich nicht klar äußert, trägt die Entscheidungen anderer stillschweigend mit.

hast du die Entscheidung mitgetragen. Sie wurde damit gemeinsam getroffen, auch wenn du nicht jeden Schritt noch einmal ausdrücklich bestätigt hast.

Gleichzeitig empfiehlt es sich nicht, das ewig fortzusetzen, indem du dir selber einredest, als wäre das nur vorübergehend

(»Momentan ist es etwas schwierig«) oder ein Ende absehbar (»Wenn du erst einmal wieder Arbeit hast...«), auch wenn objektiv gar nichts dafür spricht. Dieses stillschweigende Wegsehen tröstet zwar, verlängert aber dein Problem.

Wenn etwas »gerade« nicht läuft, geht das meist seit Jahren so

Wenn du das Gefühl hast festzusitzen, sei zuerst ehrlich zu dir selbst. Seit wann genau fühlst du dich nicht mehr wohl? Oft lässt sich das an einem konkreten Ereignis festmachen, mit dem sich deine Lage verschlechtert hat. Häufig sagt man so dahin, dass etwas »im Moment« nicht ideal sei. Auf Nachfrage dauert der »Moment« nicht selten schon mehrere Jahre an.

Zur Ehrlichkeit dir selbst gegenüber gehört auch die Einsicht, dass sich das Problem wohl nicht von selbst lösen wird, wenn du nur lang genug durchhältst oder das Gleiche immer noch weitermachst. Du wirst aktiv werden müssen, aber das ist gleichzeitig eine Chance: Du kannst etwas verändern.

Delegiere deine Entscheidungen also nicht mehr oder warte. Motto: »Ich würde ja gern etwas anderes machen, aber mein Partner...« Oder: »Wenn die Kinder erst einmal aus dem Haus sind...« Oder: »Wenn meine Eltern einmal nicht mehr sind...« Diese Perspektive wird dich ewig festhalten: Derartige Lebensereignisse, erhoffte wie befürchtete, liegen noch Jahre in der Zukunft, sind oft gänzlich unplanbar und tragen auch wieder den Vorwurf des Egoismus in sich. Kann ich »gerade jetzt« an mich denken?

Mit einem klaren Ziel lässt sich der nervige Kleinkram der Umsetzung leichter erledigen.

Gehe deshalb besser umgekehrt vor: Definiere erst dein Ziel, plane dann die nächsten Schritte und führe anschließend die notwendigen Gespräche. Ohne Vorwürfe oder Zankereien, aber auch ohne Zerreden der Details und erneutes Verschieben. Teile mit, was du jetzt tun wirst und bitte, dich so weit wie möglich dabei zu unterstützen, mach dich davon aber nicht abhängig. Manchmal musst du vorangehen, damit man dir folgt.

Plötzlich wieder Optionen
Dass deine veränderte Kommunikation wirkt, merkst du daran, dass sich die Dinge, die eben noch festgezurrt und starr schienen, bewegen: Plötzlich geht wieder etwas, plötzlich hast du wieder Spielräume und Optionen. Du fühlst dich ermutigt und optimistisch und hast gar keine Zeit und Lust mehr, dich in kleinkarierten Diskussionen zu verlieren. Du hast einen Plan und weißt, was und wie viel du zu erledigen hast. Dabei wirst du feststellen, dass dein Schwung ansteckend ist und auch andere dafür begeistern kann, es dir gleichzutun.

Mach dich dabei aber nicht abhängig von deiner aktuellen Aufbruchsstimmung oder der Unterstützung der anderen Person: Beides ist schön und angenehm, aber überhaupt nicht notwendig. Je mehr du nach einem Plan vorgehst, also geordneten Schritten folgst, ob du nun gerade »Lust hast« oder nicht, desto mehr wird die Veränderung zur

Wer seine Pläne mit anderen teilt und sie begeistern kann, findet viele hilfsbereite Unterstützer.

entspannten Routine. Gar nicht viel anders als beim morgendlichen Zähneputzen: Man macht es eben, weil es sinnvoll und notwendig ist, ohne jedes Mal die Grundsatzfrage zu stellen.

»Das Gespräch mit meiner Frau war sehr positiv, auch wenn dabei ein paar Tränen flossen«, erzählte Peter mir später.

»Wir waren beide froh, dass wir uns ausgesprochen haben und jeder sagen konnte, was er auf dem Herzen hat.« Er bat sie, ihn dabei zu unterstützen, seine Arbeitszeit auf drei Wochentage zu senken, damit er an den beiden anderen Tagen freiberuflich

Ein offenes Gespräch kann helfen, wieder gemeinsam für dasselbe zu kämpfen.

als Trainer arbeiten könne. Er hatte bereits eine Facebook-Seite mit seinem Angebot und den Preisen dafür angelegt, die Webseite fertiggestellt und im Copyshop einige Flyer drucken lassen, die er in der Nachbarschaft verteilen wollte. Mit einem nahegelegenen Sportstudio vereinbarte er, dort gegen eine niedrige monatliche Gebühr mit Klienten trainieren zu können.

Gemeinsam rechneten sie ihre Ausgaben durch und waren sich einig, dass sie auch mit 20 Prozent weniger auskommen könnten, wenn sie etwas sparsamer wären. Für das Geschäft setzten sie sich eine Frist von drei Monaten: Würde es bis dann keinen Gewinn abwerfen, würden sie es aufgeben. Seine Frau bot von selbst an, bereits jetzt wieder auf Arbeitssuche gehen, um eine Alternative zu haben. Peter hatte wenig später schon mehrere Klienten, anfangs vor allem Freunde, Bekannte und frühere Kollegen, und das verlorene Haupteinkommen größtenteils ersetzt mit etwas, das er als anregend und sinnvoll empfand.

Jeder wünscht sich Beständigkeit und Veränderung. Das geht, aber nicht gleichzeitig, sondern im Wechsel.

In einem Cartoon sah ich einmal eine gezeichnete Frau, die etwas ratlos sagte: »Ich liebe Routine. Bis ich gelangweilt bin, dann liebe ich die Aufregung. Bis ich überfordert bin, dann liebe ich die Routine.« Das klingt, so zusammengefasst, nach einem lustigen Dilemma, beschreibt aber eine einfache Wahrheit: Sowohl Beständigkeit als auch Wandel haben ihre Zeit. Im besten Fall wechseln sie sich – wie eine ewige Wellenbewegung – immer wieder ab. Und wenn dir dann wieder mal langweilig wird, kannst du immer noch mit Surfen anfangen.

Eine kleine Übung: Dein Aktionsplan für die nächsten zwölf Wochen

Es ist also leichter, dich abzugrenzen, wenn du das größere Bild im Blick hast. Ein Aktionsplan hilft dir dabei. Über zwölf Wochen ist eine gute Länge: Lang genug, um dir neue Routinen anzugewöhnen, kurz genug, um durchzuhalten, weil das Ende absehbar ist. Kopiere dir dafür die nächsten zwölf Wochen aus einem Wand- oder Taschenkalender oder drucke einen Internetkalender aus. Trage ein, was du dir für jede Woche vornimmst, um deine Situation zu verändern, und hänge ihn gut sichtbar auf. Streiche ab, was du erreicht hast, und sei stolz auf dich. Mache aber auch weiter, wenn du einmal etwas ausgelassen hast und entscheide nach den zwölf Wochen, ob und wie du deinen Plan fortsetzen möchtest.

Ab sofort übernehme ich das Kommando

Markus hat sich lange von seiner Ex-Frau herumkommandieren lassen. Selbst nach der Trennung überlegt er zuerst immer, wie sie entschieden hätte. Deine Lektion: Übernimm selbst das Kommando, sonst tun's andere.

Von seinem Chef hätte sich Markus, Software-Berater einer IT-Firma, im Leben nicht so herumkommandieren lassen wie von seiner inzwischen von ihm geschiedenen Frau. »Hast du nicht gehört, was ich gesagt habe«, war einer ihrer Standardsätze gewesen, ebenso »Nein, machen wir nicht!« oder »Kommt gar nicht in Frage, sorry«. Wie ein Offizier hatte sie ihn durch fünf Ehejahre geführt, wie er mir erzählte, mit scharfen Anweisungen, spitzen Bemerkungen und einsamen Blitzentscheidungen als ihren Waffen. Vor etwas mehr als drei Jahren hatten sie sich getrennt, gemeinsame Kinder gab es keine. Die Scheidung war längst rechtskräftig, doch insgeheim fühlte sich Markus weiterhin unter ihrer Befehlsgewalt.

Mancher hat so oft anderen zugestimmt, dass er gar nicht mehr weiß, was er selber will.

»Ich habe das Gefühl, dass ich so lange zu allem Ja gesagt habe, dass ich gar nicht mehr weiß, was ich eigentlich selbst will«, sagte er. Zwar hatte er seit der Trennung nur noch losen Kontakt zu seiner Ex-Frau – auf Facebook befreundet, alle paar Monate ein kurzer Chat, wie es denn so gehe –, doch es fiel ihm noch immer schwer, eigene Entscheidungen zu treffen. »Als ob mir der eigene Wille abtrainiert worden wäre«, meinte Markus. Er fühlte sich wie in dem Sketch, in dem der Paartherapeut den

Ehemann fragt: »Fühlen Sie sich von Ihrer Frau unterdrückt?« Und sie mit strengem Seitenblick antwortet: »Nein, das tut er nicht!« Soll es auch im echten Leben geben.

Markus wollte sich im Coaching beraten lassen, wie er sich selbstständig machen könnte, zunächst dachte er dabei nur an den beruflichen Aspekt. Er habe das schon lange vorgehabt, »aber meine Frau fand das damals zu riskant«. Später, als wir über seine allgemeinen Lebensvorstellungen sprachen, äußerte er sich auch im privaten Bereich ähnlich. Er habe immer davon geträumt, einen Kampfsport auszuüben, »aber meine Frau meinte, das sei zu gefährlich. Sie habe da schon einiges über das Verletzungsrisiko gelesen«. Er habe sich bei Greenpeace engagieren wollen, »aber meine Frau sagte, wir sollten uns auf lokale Initiativen konzentrieren«. Er hätte sich zwei Kinder gewünscht, »aber meine Frau wollte nicht, weil sie schon zwei Kinder aus einer früheren Beziehung hat«. Da sollte er eben zurückstehen.

Jedes Risiko vermeiden zu wollen ist der sichere Weg in die komplette Stagnation.

Eine der Aufgaben für einen Coach ist es, auf derartige wiederkehrende Äußerungen zu achten. Ich notiere sie, wenn sie mir auffallen, um meinen Klienten später darauf ansprechen zu können. Sie sind Hinweise darauf, welche Gedanken ihn nicht loslassen, was er sagen möchte, auch wenn es ihm selbst vielleicht noch gar nicht ganz klar ist. Hier wiesen sie offenkundig darauf hin, dass Markus' Frau in der Vergangenheit die wesentlichen Entscheidungen für beide getroffen hatte und es ihm auch nach der Trennung noch nicht gelungen war, sich davon zu lösen – ihr also wenigstens jetzt eine Grenze zu setzen.

Trotz aller modernen Geschlechterrollen empfinden das Männer vielfach doch als Schmach und persönliches Versagen, auch wenn sie das nie öffentlich zugeben würden. Verständnis wird für sie zum zusätzlichen Beweis der eigenen Bedürftigkeit, es vermeintlich »nicht selbst geschafft« zu haben.

Es kann angenehm sein, wenn ein anderer für dich entscheidet

»Als ich meine Frau kennenlernte, gefiel mir, wie selbstbewusst sie war und dass sie im Leben schon was erreicht hatte«, erzählte Markus im ersten ausführlichen Gespräch, das üblicherweise anderthalb Stunden dauert. »Ich war mit dem Studium spät dran, sie bereits Teamleiterin im Vertrieb. Ich konnte viel von ihr lernen, für den Job und auch persönlich, das fand ich gut. Für mich war immer klar, dass ich eine Frau wollte, die eine Meinung hat und sie auch vertritt. Nur so ist eine partnerschaftliche Beziehung doch überhaupt möglich.«

Schon damals fühlte er sich allerdings manchmal eher wie ihr Sohn als wie ihr Mann, obwohl sie fast gleich alt waren. Regelmäßig nahm sie ihm beispielsweise selbst alltägliche Dinge aus der Hand (»Ich zeige dir mal, wie man Steaks richtig würzt«), entschied ohne Rückfrage für beide (»Unser Hotel habe ich wieder gecancelt, das war doch nicht das Richtige«) oder informierte ihn erst nach Vollzug (»Ich habe den Teppich übrigens verkauft, das alte Ding lag lange genug im Keller«).

Etwa drei Jahre nach ihrem Kennenlernen, so schätzte Markus, waren sie beruflich ungefähr auf Augenhöhe. Doch ihre Beziehung änderte sich dadurch nicht. Im Zweifel wusste sie es weiterhin besser oder verhielt sich zumindest so.

»Ich habe sie oft machen lassen, weil ich nicht als sexistischer Tyrann dastehen wollte, der seine Frau unterdrückt«, meinte Markus im Rückblick. »Aber ich erinnere mich noch genau an eine Situation mit meinem Schwiegervater, in der sie mir – so richtig mit ›pst!‹ – den Mund verbot, weil sie allein mit ihm über unsere Autoversicherung sprechen wollte. Da habe ich gemerkt, dass das Ganze doch ziemlich auf Kosten meiner Selbstachtung geht.«

Angst vor persönlicher Kritik, selbst wenn sie unberechtigt ist, macht jeden erpressbar.

Einige Male hatte er versucht, mit ihr darüber zu sprechen, fand aber nicht die passenden Worte. »Ich konnte ihr schlecht vorwerfen, dass sie sich für uns engagierte. Meistens hatte sie tatsächlich eine gute Idee oder einen Rat, der uns – oder mich – weitergebracht hat«, sagte er. »Gestört hat mich nach einiger Zeit, dass meine Meinung gar nicht erst interessierte oder abgetan wurde. Nach dem Motto: Okay, dann sag eben auch was, ehe ich entscheide.« Markus wirkte noch immer ratlos bei der Erinnerung an seine Ehe und wie er sie nun, einige Jahre später, bewerten sollte: »Ich war nicht unglücklich, aber unzufrieden.«

Unerwartetes Beziehungsende
Die Trennung kam anders als erwartet. Markus hatte eine Affäre mit einer Bekannten angefangen, die er noch aus seiner Studienzeit kannte. Seine Frau hatte durch SMS davon erfahren, die sie ihm geschickt hatte und die auf seinem Handy aufgepoppt waren, während er im Badezimmer war. »Ziemlich blöd«, sagte Markus, »stolz bin ich darauf bestimmt nicht. Ich habe mich ein bisschen rausgeredet, aber eigentlich hatte ich sowieso genug.«

Sie einigten sich »wie Erwachsene«, teilten sich die Möbel – er zog aus – und verzichteten wechselseitig auf Unterhalt und Versorgungsausgleich. Der Scheidungstermin nach einem Jahr war eine reine Formalität, bei der sich beide durch einen gemeinsamen Anwalt vertreten ließen und nicht einmal selbst zum Familiengericht kamen. Markus: »Das war auch wieder ihre Idee und hat uns beiden viel Geld und Nerven gespart. Ich wäre gar nicht darauf gekommen, dass das rechtlich überhaupt erlaubt ist.«

Nur wer ohne größere Reue zurückblicken kann, hat seine Vergangenheit verarbeitet.

Er war in dieser Zeit vor allem mit den praktischen Aspekten der Trennung beschäftigt gewesen – Papierkram, Wohnungssuche, Umzug, vieles davon zum ersten Mal selbst erledigt – und nur wenig zum Nachdenken gekommen. Nun aber kamen die Gedanken, für die damals keine Zeit war.

Heute habe er manchmal, so erzählte er, die Sehnsucht, sie wiederzusehen, um sich noch einmal auszusprechen. Er war nicht wütend auf sie, sondern eher enttäuscht von sich, weil er sich damals so hat dirigieren lassen. »Ich habe nichts gegen sie, ich respektiere sie bis heute. Es waren keine schlechten Jahre, sondern wichtige für meine Entwicklung«, meinte er. »Aber ich habe auch das Gefühl, ich habe mich während meiner Ehe verloren und bis heute nicht wiedergefunden.«

Mancher Erfolg muss hart erkämpft werden – auch in der Ehe

Es hat schon seine Gründe, warum sich die oft vorgebrachte Idee nie durchgesetzt hat, Ehen mit einem festen Ablaufdatum zu versehen: Nach Ablauf müssten sich beide Partner freiwillig für eine Verlängerung entscheiden, ansonsten würde die Ehe automatisch ohne große Umstände aufgelöst. Das wäre ungefähr so, als dürfte sich im Fußball jedes Team nach der ersten Halbzeit entscheiden, ob das aktuelle Ergebnis endgültig sein solle oder noch einmal 45 Minuten weitergespielt wird. Mancher Erfolg muss hart erkämpft werden, auch in der Ehe, die man doch so romantisch beginnt. Schon jetzt werden 36 Prozent geschieden, und das sind vielleicht nicht einmal die schlechtesten.

Eine ehemalige Arbeitskollegin brauchte drei Scheidungen, ehe sie endlich einsehen wollte, dass eine Ehe nicht zwingend beinhaltet, dass sie einem Mann fortlaufend helfen muss, indem sie seine Schulden bezahlt, für ihn die Bewerbungen schreibt und ansonsten für zwei arbeitet, da sich erstaunlicherweise immer sämtliche potenziellen und aktuellen Arbeitgeber gegen ihn verschworen hatten.

Eine unangenehme Wahrheit ist, dass die meisten Krisen doch selbst verschuldet sind.

Natürlich gibt es diese Fälle, in denen der Saturn ständig

im falschen Winkel zum Uranus steht und jemand damit wirklich nichts für seine Probleme kann. Zu 80 Prozent, konservativ geschätzt, ist erfahrungsgemäß aber dann doch jeder selbst schuld an seiner Lage. Das ist eine unangenehme Wahrheit für alle Dauerhelfer.

Markus hat, wie wir in unseren Gesprächen herausfanden, stillschweigend zugelassen, dass seine ehemalige Frau bei ihm ständig eine Grenze überschritt: Sie nahm sein Recht auf eigene Entscheidungen an sich, welches jedoch selbst in der besten Beziehung individuell erhalten bleibt. Anfangs hatte das für Markus seine vorteilhaften Seiten – ihre Erfahrung und Sicherheit halfen ihm tatsächlich in seinem Leben – und fühlte sich wie mütterliche Fürsorge an. Doch schleichend wurde daraus eine subtile Entmündigung: Wie ein Kind durfte er zwar Vorschläge machen, aber sie entschied. Markus verlor die Sicherheit, für sich selbst zu sprechen und zu entscheiden, und irgendwann auch die, für sich allein zu denken.

Anfangs geschmeichelt

Was dabei in Markus vorging, ist verständlich. Anfangs war er froh über die pragmatische Art seiner Frau gewesen und hatte sich in seinem Wunsch bestärkt gefühlt, ein echter Partner zu sein, der seiner Ehefrau alle Freiräume gibt. In vielen Momenten war er, so klang es immer wieder durch, stolz auf ihre Intelligenz, ihre Tatkraft, ihren Pragmatismus. Es schmeichelte ihm auch, dass sich solch eine Frau für ihn entschieden hatte.

Aus den gleichen Gründen schwieg Markus, als er zunehmend eine gewisse Übergriffigkeit und Entmündigung bemerkte. Er wollte nicht als einer jener Männer dastehen, die trotz aller Bekenntnisse, fortschrittlich zu sein, ihre beruflich erfolgreichen Frauen zu einer Teilzeitstelle drängten, »damit du mehr Zeit für den Haushalt und die

Ständige Übergriffigkeit kann sich anfangs täuschend echt nach Fürsorglichkeit anfühlen.

Familie hast. Wir kommen auch mit meinem Gehalt aus«. Markus hatte, obwohl überhaupt nicht berechtigt, die Sorge, durch Kritik als jemand dazustehen, der trotz aller Versprechen in verstaubte alte Rollenbilder zurückfällt.

Gleichzeitig war dieses Arrangement bequem: Seine Frau beurteilte die Dinge und fällte die alltäglichen und wesentlichen Entscheidungen. Markus konnte dazu etwas sagen oder auch nicht, sich über ihre Art ärgern, aber ihr gleichzeitig die Verantwortung überlassen. Am Anfang war das für ihn vorteilhaft, später weniger. Inzwischen ist es eine Bürde: »Wenn ich heute eine Entscheidung treffen muss, bin ich versucht, sie um Rat zu fragen, obwohl ich weiß, dass ich selber entscheiden muss – mit allen Unklarheiten und unangenehmen Konsequenzen.«

Pass auf, dass du nicht zu viel Lebenszeit sinnlos investierst

Manchmal sind es Kleinigkeiten, die in einer Beziehung nerven. Eine entfernte Bekannte schenkte ihrem Mann ständig selbst gemachte Seife, als würde sich jeder unbändig wünschen, endlich auch gelbbraune Brennnessel-Honig- oder Kokos-Anis-Seife zu besitzen, die leicht nach Teichwasser riecht und kratzt, weil Haferflocken oder Kaffeesatz untergemischt sind – »als natürliches Peeling«. Er hätte sich mehr über ein Stück Nivea von Rossmann für 50 Cent gefreut, die war glatt, weiß und roch gut. Doch sie wollte gelobt werden wie ein Kind und zwang ihn damit nicht nur, Dankbarkeit vorzuspielen, sondern ihre Kreationen auch noch zu benutzen. Eigenlob stinkt, hier buchstäblich.

Oft sind subtile Signale bereits der Hinweis, dass etwas falsch läuft. Wenn jemand beginnt, sich obsessiv für die Schwangerschaften an europäischen Königshöfen oder im örtlichen Zoo zu interessieren, ist es meist Zeit für eigenen Nachwuchs. Kommt eine hoch abstrakte Erklärung – »Ich möchte meinen Beitrag gegen die globale Überbevölkerung leisten und die Klimakrise stoppen, indem ich selbst kein Kind habe« –, ist die andere Person nicht selten einfach nur zu feige, den wahren Grund auszusprechen: »Sehr gerne, aber nicht mit dir.« Je früher so etwas geklärt wird, desto weniger Lebensjahre sind falsch investiert.

Ein Schritt, sich nach einer Trennung auch aus der emotionalen Bindung zu befreien, ist es, sein Gegenüber wenigstens jetzt besser zu verstehen. Markus' Frau hatte sicher gute Intentionen: Sie wollte ihrem Mann, der am Anfang ihrer Beziehung tatsächlich unerfahrener und unsicherer war als sie, eine echte Partnerin sein, die ihn ganz praktisch unterstützt und die Beziehung mit ihm gestaltet – zum Vorteil von beiden. Im Laufe der Jahre entwickelte sich daraus etwas, das sich fortlaufend bestätigte: Seine Passivität, weil sie bereits alles regelte, wurde für sie der Grund, weiterhin alles zu regeln – ihr Mann war eher Beobachter als Mitwirkender. Möglicherweise war diese Ehe ohne größere Diskussionen für sie einerseits bequem, andererseits durch die nur von ihr getragene Verantwortung auch belastend. Er brach schließlich zuerst aus, vielleicht hätte ansonsten sie es getan.

Jede Beziehung ändert sich. Halte dich nicht ewig damit auf, wie es anfangs einmal war.

Eigene Interessen vertreten
Wie für Markus ist es wahrscheinlich auch für dich wichtig, dass dein Partner sich entfalten und in die Beziehung einbringen kann. Allerdings geht es deutlich zu weit, ihm deswegen gleich alles zu überlassen, und zwar aus zwei Gründen: Deine Interessen würden nicht mehr vertreten, und sie sind eben manchmal anders. Zudem würdest du deinen Partner damit auf Dauer überlasten, während du dich selbst schwächst. Denn auch Entscheidungen mit ihren Risiken müssen gelernt und geübt werden, ebenso wie die Fähigkeit, bei Bedarf ein unangenehmes Gespräch zu führen, ohne zu fürchten, deswegen gleich ein schlechter Partner zu sein.

Jede Beziehung ändert sich

Achte in Beziehungen früh auf eine ausgewogene Balance zwischen Geben und Nehmen, zwischen den Beiträgen und Wünschen beider Seiten. Falls diese Balance am Anfang noch nicht bestand oder sich später verschoben hat, ist es trotzdem immer möglich, sie wiederherzustellen. Jede Beziehung, beruflich wie privat, verändert sich im Lauf der Zeit. Es ist daher entscheidend, regelmäßig über grundsätzliche Dinge zu sprechen, wenn es notwendig wird. Hab keine Angst, den Anfang zu machen.

Markus hätte sinngemäß zu seiner Frau sagen können: »Ich möchte, dass wir unsere Entscheidungen zukünftig gemeinsam treffen. Ich respektiere deine Meinung, erwarte aber, dass meine gleichberechtigt behandelt wird.« Er hätte danach kurz erklären können, wie er die bisherige Kommunikation empfindet. Wichtig ist aber vor allem die klare Mitteilung, was er sich nun wünscht.

Manche Paare bevorzugen dafür strukturierte Formate, beispielsweise ein monatliches Gespräch mit je 20 Minuten Redezeit für beide, damit der »stillere« Partner ebenso lange zu Wort kommt wie der andere. Andere wählen einen lockeren Ansatz, etwa einen Austausch bei einem spontanen Abendessen zu zweit. Entscheidend ist dein Mut, vorhandene Probleme oder Wünsche anzusprechen – trotz der Sorge, dafür verurteilt oder durch Vorwürfe, Tränen oder einen Wutausbruch bestraft zu werden. Dieser Mut ist notwendig, wenn du deine Beziehung erhalten und entwickeln möchtest und dein Beitrag, Verantwortung zu übernehmen.

Ein geplantes Beziehungsgespräch ist nicht sexy, aber für viele eine pragmatische Lösung.

Kompromisse sind möglich

Den Erfolg merkst du daran, dass du dich gehört und verstanden fühlst. Du bist nicht mehr derjenige, der nur noch vorschlägt oder abnickt, sondern Teil einer gemeinsamen Entscheidung. Wo ihr komplett unterschiedliche Ansichten habt, ist oft ein Kompromiss möglich und kein besonderes Problem. Ein alltägliches Beispiel: Ihr wollt einen ganz unterschiedlichen Urlaub verbringen, einer ans Meer und der andere in die Berge. Ihr könntet die Ferien zweiteilen, eine Woche hier und eine Woche da, jährlich abwechseln oder auch mal allein fahren.

Schwieriger wird es bei grundsätzlichen Diskrepanzen, beispielsweise beim Kinderwunsch, einem Leben in der Stadt oder auf dem Land, häufig auch bei der Frage, was genau unter »Treue« verstanden wird oder wie mit Geld umgegangen werden soll. Hier kann das Gespräch manchmal auch dazu führen, dass man sich in aller Verbundenheit trennt, weil man wirklich nicht der beste Partner für den anderen ist.

Achte darauf, es wirklich anders als bisher zu machen.

Für Markus war es einerseits zu spät, da er sich bereits von seiner Frau getrennt hatte und die Ehe aufgelöst war. Gleichzeitig war es für ihn sinnvoll, endlich auch innerlich abzuschließen und seine nächste Beziehung anders zu gestalten. Die Affäre mit seiner ehemaligen Mitstudentin hatte damals nur wenige Treffen gedauert, doch seit einigen Wochen ging er regelmäßig mit einer Kollegin zum Sport und gelegentlich auch aus.

»Hier achte ich jetzt darauf, dass ich meine Meinung sage, auch wenn ich mich manchmal dazu ein wenig überwinden muss«, berichtete er. »Manchmal geht es nur um Kleinigkeiten, in welches Restaurant wir beispielsweise gehen. Ich weiß, dass sie am liebsten asiatisch isst, doch mir wird das hin und wieder zu viel. Ich habe also gebeten, dass wir auch mal einen Italiener nehmen, und es war überhaupt kein Problem. Aber auch bei den wichtigen Dingen bin ich klarer. So habe ich ›nebenbei‹

erwähnt, dass ich mir vorstellen könnte und sogar wünsche, eine Familie zu gründen. Sie hat gelacht und gesagt, das fände sie gut. Ich weiß nicht, wie sich das entwickeln wird. Aber es fühlt sich gut an, aktiver zu sein und mehr Einfluss darauf zu nehmen, welchen Weg alles nimmt. Ich kann tatsächlich etwas dafür tun.«

Unglücklich verheiratete Ehepaare zählen, so hört man manchmal, rückwärts: Wie viele Jahre muss ich noch? Dem Glücklichen dagegen schlägt keine Stunde, hat Schiller festgestellt. Er selbst datete übrigens, kein Witz, anfangs zwei Schwestern gleichzeitig und schlug ihnen vor, eine Dreierbeziehung zu führen, was beide und auch ihre Mutter ablehnten. Da entschied sich Schiller für diejenige, die sich weniger um ihn bemüht hatte. »Um deine Liebe kämpfen« hat also schon in der Weimarer Klassik nicht funktioniert. Wer dich will, will dich auch so, und wer dich nicht will, um den solltest du auch nicht kämpfen.

Eine kleine Übung: Dein Brief, der alles noch einmal erklärt

Du kannst also Grenzen setzen, indem du einer bestimmten Person nicht mehr erlaubst, über dich zu herrschen. Wenn dich eine vergangene derartige Beziehung noch belastet, ein klärendes Gespräch aber nicht mehr möglich oder erwünscht ist, kann dir diese Übung helfen: Schreibe der Person einen Brief, in der du alles ausdrückst, was du ansprechen und mit ihr klären möchtest – wofür du dankbar bist, was dich verletzt hat, was du ihr für ihren weiteren Weg wünschst. Zerstöre den Brief später, indem du ihn zum Beispiel zerreißt oder verbrennst. Es ist nicht nötig und meist auch nicht sinnvoll, dass du ihn abschickst. Wichtig ist, dass du damit deine eigenen Gefühle für dich geordnet und ausgedrückt hast.

Für euch habe ich schon viel zu viel gemacht

Caroline hat ihre beiden erwachsenen Töchter wieder bei sich einziehen lassen und bereut es. Die ständigen Konflikte erschöpfen sie. Deine Lektion: Erhole dich, du brauchst Kraft, um dich abzugrenzen.

Die improvisierte Ansprache ihrer 19-jährigen Tochter war für Caroline der Moment, in dem sie endgültig verstand: Es war ein totaler Fehler gewesen, sie wieder bei sich zu Hause einziehen zu lassen. »Ich habe mich entschlossen, meine Ausbildung abzubrechen«, hatte ihre Jüngste so gravitätisch verkündet, als hätte sie sich schweren Herzens dazu durchgerungen, nun doch nicht als Bundeskanzlerin zu kandidieren. »Wahrscheinlich sehe ich mich eher als Influencerin«, meinte sie, »aber ich muss mich jetzt erst einmal finden.« In der Schule hatte sie vor allem das Kiffen gefunden, was bereits zu einer verpassten Versetzung in der elften Klasse und kürzlich zu einem Führerscheinentzug geführt hatte.

Diesmal handelte es sich um eine Visagisten-Privatschule, auf die sie unbedingt gewollt hatte, nachdem sie keinen regulären Ausbildungsplatz gefunden hatte.

Manch einem ist der neue Highlighter von Khloé Kardashian wichtiger als die Frage, wie er die Miete bezahlen kann.

Caroline, die seitdem monatlich dafür bezahlte, hatte sich zwar in der Parfümerie immer mal etwas von »La Prairie« oder »La Mer« ins Gesicht gecremt, aber bis dahin nicht geahnt, wie teuer Schminkkurse sein konnten. Sieben Monate zuvor hatte sie ihren beiden Töchtern – die Große war 21 – in einem schwachen Moment erlaubt, aus ihrer WG zurück zu ihr zu ziehen, weil sie mit dem Geld nicht klarkamen. Nun kam sie selbst nicht mehr klar mit dem Geld. Ihre alten und neuen Mitbewohnerinnen hatten zwar vieles im Kopf, etwa den neuen Highlighter von Khloé Kardashian, aber sicher nicht Banalitäten wie die Lebenshaltungskosten.

Caroline, freiberufliche Fotografin, hatte ihre Töchter seit der Scheidung vor zwölf Jahren weitgehend allein aufgezogen. Ihr Coaching begann sie, weil sie ihre Selbstständigkeit ausbauen wollte. »Es ist nicht so, dass es schlecht läuft«, sagte sie, »aber es ist zu wenig, als dass drei Erwachsene gut davon leben könnten. Mein Ex unterstützt mich, wenn es wieder mal knapp wird, zusätzlich. Aber eigentlich passt mir das nicht.« Sie fühlte sich von der Verantwortung – »ständig hängt alles an mir« – erdrückt und häufig zu erschöpft, um sich um Dinge wie ihren Businessplan und Kundenakquise zu kümmern. »Ich bräuchte mehr Zeit für mich«, sagte sie, »aber ich muss pausenlos für alle anderen da sein.«

Aus dem Hotel Mama checken viele nicht gerne freiwillig wieder aus

Als Coach höre ich oft, dass Klienten von den Anforderungen ihres Alltags überfordert sind. Das geht einem Geschäftsführer vielfach nicht anders als seiner Sekretärin. Bei einem stapeln sich monatelang Unterlagen, etwa für die Steuererklärung oder eine lange geplante Initiativbewerbung. Beim anderen ist die Wohnung immer unaufgeräumt, wenn sich nicht gerade Besuch angekündigt hat, die Pflanzen vertrocknen oder die Bügelwäsche türmt sich. Ich frage meist bereits im Vorgespräch nach derartigen Problemen. Sie sind nicht dramatisch und müssen niemandem peinlich sein. Aber für mich sind sie wichtige Hinweise darauf, ob sich jemand dauerhaft mehr aufgebürdet hat, als er bewältigen kann.

Ein bisschen Chaos gehört zu jedem Leben. Stresse dich nicht damit, perfekt sein zu wollen.

Angenehmes Leben

»Als wir noch verheiratet waren, waren Geld und alles andere überhaupt kein Thema«, erzählte Caroline im ersten Gespräch. »Mein Mann hat immer gut verdient. Wir konnten uns alles leisten – Altbauwohnung in der City, zwei Autos, mehrmals Urlaub im Jahr. Ich hätte gar nicht arbeiten müssen, das wäre ihm sogar lieber gewesen. Aber ich wollte nicht nur zu Hause sitzen, es ging mir auch ein bisschen um meine Unabhängigkeit. Als wir uns später trennten, hat sich diese Entscheidung als absolut richtig herausgestellt. Er unterstützt mich und die Mädchen, das auch gern, aber ich bin zum Glück nicht komplett darauf angewiesen.«

Wer seinen Kindern alle Probleme abnehmen will, schafft ihnen langfristig die meisten.

Ein bisschen verwöhnt, das räumte Caroline ein, hätten beide ihre Kinder. »Wir hatten eben unseren Lebensstil, da konnten wir sie schlecht auf halbe Ration setzen. Wir haben versucht, ihnen den Wert von Geld beizubringen und dass man dafür arbeiten muss. Als sie für ein Jahr auf die High School nach England wollten, war das selbst für uns ein stolzer Preis. Am Ende haben wir es aber ermöglicht. Manchmal haben sie schon ausgenutzt, dass mein Mann wenig Ahnung hatte, er war ja ständig im Büro. Ich erinnere mich noch, wie wir einmal zusammen bei H&M waren und er geschockt feststellte, dass es dort Mäntel für 60 Euro gab. Unsere Mädchen hatten ihm jahrelang erzählt, dass unter 350 Euro gar nichts zu machen sei, wenn sie ihn mal wieder nach Geld für Klamotten fragten.«

Nach dem Abi hatten ihre Töchter mit einer Schulfreundin eine WG gegründet. »Verabredet war, dass sie jobben, um sich das leisten zu können. Es konnte ja nicht immer auf unsere Kosten gehen. Die Große hat für eine Redaktion geschrieben, aber fast nichts verdient. Da hatten wir einige Streitereien. Sie meinte, das sei eine Investition in ihre Zukunft. Für mich war das Ausnutzerei und Zeitverschwendung, ich kenne die Branche ja auch ein bisschen. Unsere Kleine wusste erst überhaupt nicht, was sie wollte. Dann sollte es plötzlich Visagistin sein. Ich fand das ganz gut, sie hat einen Blick für Mode und Stil. Die Privatschule war mir eigentlich zu teuer, aber dann haben wir es doch gemacht, damit sie überhaupt etwas hat.«

Ihre eigene Selbstständigkeit entwickelte sich nicht wie erhofft: »Die Kunden achten heute mehr aufs Budget oder nehmen einfach billige Agenturfotos. Der Anspruch ist nicht mehr so wie früher. Nun habe ich die hohen Fixkosten, drei Erwachsene zu ernähren, und noch die Ansprüche meiner Töchter«, sagte sie. »Ich hatte schon erwartet, dass sie in der WG wenigstens lernen, was das Leben so kostet – Miete, Strom, Telefon, Lebensmittel –, auch wenn es nur für ein halbes Jahr war. Leider war da nichts. Da habe ich heute Diskussionen, wenn ich mal etwas vom Discounter hole, das nicht bio ist, oder das Netflix-Abo für einen überflüssigen Luxus halte, wenn ich schon den Kabelanbieter bezahle.«

Eltern sollten nicht versuchen, alle Schwierigkeiten ganz allein lösen zu wollen.

Caroline hatte das Gefühl, gar keine echten Optionen zu haben, um ihre persönliche und familiäre Lage zu verbessern. »Raussetzen kann ich sie nicht, das würde ich nicht übers Herz bringen«, sagte sie bedrückt. »Ohne ausreichendes Einkommen könnten sie auch gar keine Wohnung mieten. Am Ende müssten wir ihnen noch Unterhalt zahlen oder zumindest für sie bürgen. Da ist es doch billiger, sie bleiben bei mir. Allerdings habe ich nicht das Gefühl, sie verstehen überhaupt den Ernst der Lage.«

Durch gelegentliche Nebenjobs, unter anderem bei einem Bürodienstleister und für eine Werbeagentur, besserte Caroline ihr Einkommen auf. »Ich bin mir für nichts zu schade, auch wenn unsere Freunde das nicht vermuten würden«, sagte sie. »Aber ewig kann das nicht so weitergehen. Die Belastung und der ständige Streit höhlen mich langfristig total aus.«

Wenig schockt Kinder mehr, als wenn Eltern eigene Wünsche anmelden

Es gibt wenig, mit dem Eltern ihre Kinder mehr schocken können, als wenn sie auch einmal eigene Wünsche anmelden. In frühen Jahren vielleicht: »Schlaf endlich, auch wenn du Durst hast und sich unter dem Bett ein Monster versteckt.« Später: »Wann willst du denn nun ausziehen? Wir kommen auch gut allein klar, keine Sorge, und besuchen dich gern immer mal!« Noch später bleibt nur noch eine Bewerbung bei einem der vielen Serienformate, in denen Eltern versuchen, ihre nun 40- bis 50-jährigen Single-Kinder endlich weiterzuvermitteln.

Kinder müssen mithelfen

Wusstest du, dass Kinder in Deutschland sogar gesetzlich dazu verpflichtet sind, »ihren Kräften entsprechend« im Haushalt mitzuarbeiten? Steht im Bürgerlichen Gesetzbuch, Paragraph 1619. Aber man kann ihnen schwerlich mit einer Klage drohen, wenn man die Strafe am Ende sowieso selbst bezahlen müsste. Die meisten Eltern haben überhaupt nichts gegen Kinderarbeit, so lange sie in den eigenen vier Wänden – »Aufräumen!« – und unter ihrer Aufsicht stattfindet. Zweifele also nicht an dir selbst, wenn du dir zu Hause mehr Unterstützung wünschst.

Selbst »Super Nanny« Katharina Saalfrank ist heutzutage keine zuverlässige Unterstützerin mehr. War sie früher als Erziehungsdomina unterwegs – »Ab in die Wutecke!« –, fällt sie nun den Eltern, die sich an ihr orientiert haben, in den Rücken und empfiehlt »Kindheit ohne Strafen« und »wertschätzende Wege«. Dabei war der Unterschied zwischen faul und entspannt immer schon eine Budgetfrage. Wer andere zahlen lässt, kann gut gechillt sein.

Was Caroline auch entscheidet, geht auf ihre Kosten – was ihre Töchter machen, aber ebenso. Sie möchte verständnisvoll und ermutigend sein, aber nicht ständig für Entscheidungen haften müssen, die sie selbst ganz anders getroffen hätte.

»Wenn ich darüber nachdenke, hat das für mich etwas mit Respekt zu tun«, sagte sie. »Ich rackere mich ab, Nebenjobs und alles, und schaue, dass wir halbwegs klarkommen. Da ist es doch nicht zu viel erwartet, dass meine Mädchen erwachsen werden. Dem Alter nach sind sie es, dem Verhalten nach überhaupt nicht.« All die Probleme machten sie müde. Sie war schon froh, wenn sie das Nötigste halbwegs erledigt bekam und hatte gar nicht mehr die Kraft für Auseinandersetzungen, so nötig und überfällig sie auch aus ihrer Sicht waren.

Beste Intentionen
Wie jede Mutter – jeder Elternteil – ist Caroline bestrebt, dass es ihren Kindern so gut wie möglich gehen soll und sie die Chance haben, sich ihre Lebensträume zu erfüllen. Zur Zeit ihrer Ehe war das noch relativ leicht, da ihr Mann zumindest den Großteil der finanziellen Verantwortung für alle trug, wenn er sich ansonsten auch weitgehend zurückzog. Später war Caroline bereit, vieles auf sich zu nehmen, um das fortzusetzen. Das Resultat: Seitdem trägt sie die Last für inzwischen drei Erwachsene. Mit den besten Absichten hatte sie ihre Kinder vor allen Problemen abgeschirmt, so allerdings den Eindruck erweckt und aufrechterhalten, der bisheriger Lebensstil wäre ein mühelos erreichter Standard, der sich unendlich fortsetzen würde.

Sicher war ihr in den vergangenen Jahren immer wieder einmal klar gewesen, dass ein offenes Gespräch in der Familie überfällig war, mit zunehmendem Alter auch Einblicke in ihre tatsächliche finanzielle Lage. Diese Diskussion hat Caroline jedoch gescheut und stattdessen versucht, die Probleme allein zu lösen.

Teilweise ist ihr das gelungen, aber die Kraft dafür fehlt ihr für ihr Geschäft und für sich selbst. Nun ist sie an dem Punkt angekommen, an dem sie all das nicht mehr schafft und sich stellen muss: eine Krise, die sie – und das ist immer die gute Seite – dazu zwingt, etwas zu verändern, nämlich zuerst sich selbst.

Wo Rauch ist, kann versteckt ein berufliches Feuer brennen

»Das Sein bestimmt das Bewusstsein«, hat Karl Marx gesagt. Eine Idee des Kommunismus, die nie jemand verstanden hat, außer dass da auch immer die anderen bezahlen sollten. Im Social-Media-Zeitalter geht das noch weiter: »Der Schein bestimmt das Bewusstsein.« Wenn es nur gut aussieht, muss sich doch irgendwie Geld damit machen lassen. Dabei heißt es nicht umsonst: Auf Instagram berühmt zu sein ist, als wäre man reich im Monopoly. Schön wäre es!

Mancher glaubt heute tatsächlich immer noch, ein paar Selfies seien der Start in eine Karriere.

Ein bisschen muss sich die Elterngeneration den Vorwurf machen, diese Illusion selbst in die Welt gesetzt zu haben: All die Internetplattformen und Star-Magazine im Fernsehen und am Kiosk werden schließlich nicht von denen produziert, die glauben, eine Menge Selfies wären der erste und eigentlich entscheidende Schritt zu einer einträglichen Karriere.

Hoffnung gibt es aber immer. Ich hatte vor vielen Jahren einen Praktikanten, der derart viel kiffte, dass er ständig irgendwelchen Tagträumen nachhing, aus denen er halb verwirrt wieder auftauchte, und die Polizei ihm den Führerschein abnahm, obwohl er nur Fahrrad gefahren war – das aber vor ihren Augen in Schlangenlinien. Er hat sich später gefangen und arbeitet heute engagiert als Grundschullehrer. Was zeigt: Wo Rauch ist, kann versteckt auch ein berufliches Feuer brennen.

Carolines Töchter sind sicherlich nicht absichtlich egoistisch und rücksichtslos, aber sie sind noch ganz mit sich beschäftigt und erkennbar nur begrenzt in der Lage, auch die Bedürfnisse ihrer Eltern wahrzunehmen. Wer an die eigene Zeit nach der Schule zurückdenkt, an die Suche nach Ausbildungs- oder Studienplatz, erinnert sich oft noch, wie verwirrend und unklar vieles damals schien. Das ist heute nicht anders, geschieht zeitlich nur später als in der Generation der Eltern und Großeltern. Die Realitätsflucht – Models, Glamour, Shopping – haben ihnen Vater und Mutter vorgelebt, allerdings konnten die sich das auch leisten.

Anderen immer wieder die gleichen Vorhaltungen machen nervt alle und hilft keinem.

Wie Caroline wärst du in solch einer Situation wahrscheinlich auch hin- und hergerissen zwischen dem Wunsch zu helfen und der Einsicht, dass hier eine gewisse Härte nötig ist. Es ist dabei verständlich, aber sinnlos, immer die gleichen Vorhaltungen zu machen (»Denkst du denn auch mal an mich?«) oder Drohungen (»Wenn das so weitergeht, fliegst du raus!«) auszusprechen. »Du verstehst mich überhaupt nicht«, wäre die erwartbare Antwort, »lass mich doch in Ruhe!« Viele Druckmittel hat man sowieso nicht in der Hand, beispielsweise schon wegen gesetzlicher Verpflichtungen zur Unterhaltszahlung.

Fakten schaffen ist wirkungsvoller als immer noch ein Gespräch

Die erfolgreichere Strategie ist, dass du Fakten schaffst. Das setzt voraus, dass du die Kraft dazu hast. Wenn du, wie Caroline, ziemlich erschöpft bist, ist Erholung also der erste Schritt. Versuche, für einige Zeit möglichst keine Überstunden mehr zu machen, früher zu gehen, einen Tag Home-Office auszuhandeln. Reduziere so viele Verpflichtungen, wie du kannst: Braucht man dich wirklich in allen Meetings? Triffst du bestimmte Freunde nur, weil du dich dazu verpflichtet fühlst? Sag ab. Musst du dich ins Sportstudio zwingen? Trainiere daheim oder gehe nur einmal spazieren. Stresst dich der Gedanke an eine geplante Reise? Verschiebe oder storniere sie. Kurz: Ruh dich aus, geh früh ins Bett und schlaf dich endlich einmal richtig aus.

Wenn du dich stärker fühlst, ist es Zeit zu handeln. Entscheide so, wie es zuerst einmal für dich gut ist. Versuche nicht mehr, es den anderen so leicht wie möglich zu machen. Ein wenig gesunden Egoismus darfst du dir gestatten, du hast deine Mitmenschen lange genug geschont.

Wenn du ankündigst, was du tun wirst, lass dich nicht mehr in Diskussionen verwickeln. Teile deinen Entschluss mit (hier: »Ihr werdet innerhalb von drei Monaten ausziehen.«), begründe ihn (»Es ist Zeit, dass ihr Verantwortung übernehmt.«), umreiße, wie weit deine Unterstützung gehen wird und wo sie endet (»Ich helfe drei Monate mit der Miete. Bis dahin habt ihr Zeit, euch Jobs zu suchen. Danach müsst ihr selber klarkommen, notfalls hilft das Sozialamt.«) Lass dich nicht mehr von Ängsten stoppen, was schiefgehen könnte und welche Folgen das eventuell für dich hätte. Vertraue darauf, dass die anderen auch Ressourcen haben und du im Notfall auch aktiv würdest.

Wenn du nicht konsequent sein kannst, schütze dich vor dir selbst.

Wenn du die Befürchtung hast, dass deine Konsequenz nicht lange halten könnte, schiebe dir selbst einen Riegel vor. Eine Bekannte stellte ihr Jugendzimmer bei Airbnb ein und vermietete es für einige Wochen an Touristen, nur damit ihr inzwischen 26-jähriger Sohn endlich packte und sich ein Zimmer woanders suchte. Die Eltern einer früheren Mitschülerin, die sich ziemlich unmöglich benahm, ließen sie tatsächlich ins örtliche Obdachlosenheim ziehen, wo sie sich mit ihrem Freund ein kleines Zimmer teilte. Übrigens recht vergnügt, ich habe sie dort einmal besucht, später zogen beide in eine eigene Wohnung.

Veränderte Kommunikation

Dass deine neue Kommunikation verstanden wird, merkst du daran, dass plötzlich nicht mehr mit dir diskutiert und gefeilscht wird, sondern Betriebsamkeit anbricht. Auf einmal wird im Internet recherchiert und nicht mehr nur zur Unterhaltung gesurft. Und in den Telefonaten mit der besten Freundin geht es plötzlich nicht mehr um One Direction, sondern um einen Ausweg. Was bisher immer du übernommen hast, nämlich Probleme zu lösen, machen auf einmal die anderen. Du wirst feststellen, dass sie das auch können und daran wachsen werden.

Wenn du siehst, dass sich etwas festgefahren hat oder dein Gegenüber es wirklich nicht weiß, kannst du gelegentlich einen Tipp geben: »Probiert doch mal…«, »Habt ihr da schon gefragt…«, »Ihr könntet mal… anrufen.« Aber mache dabei klar, dass es sich nur um eine unverbindliche Empfehlung aus deiner Erfahrung handelt: »Macht nur, wie ihr denkt, das ist jetzt eure Sache.« So übergibst du Verantwortung und erlaubst den anderen gleichzeitig, es zu ihrem Projekt zu machen. Abgrenzung ist viel Erziehungsarbeit.

Respekt musst du einfordern. Du erhältst ihn nicht als Dankeschön von den anderen.

Caroline war ein wenig skeptisch, entschied sich aber, den Plan umzusetzen. Sie forderte ihre Töchter – abgesprochen mit ihrem Ex-Mann – in einem ernsten Gespräch auf, innerhalb von drei Monaten auszuziehen und innerhalb weiterer drei Monate ihre Kosten selbst zu tragen. Als Antwort hörte sie, wie sie später erzählte, ein verblüfftes: »Das kannst du doch nicht machen!« Caroline: »Ihr werdet schon sehen.« Ihre Töchter: »Du bist doch unsere Mutter!« Caroline: »Eben deshalb verlasst ihr jetzt das Nest.« Ihre Töchter waren erst fassungslos, dann wütend, mit zunehmender Vorbereitung aber auch aufgeregt und zeigten sogar eine gewisse Vorfreude, nun doch bald wie Erwachsene zu leben.

In ihrer bisherigen WG war nichts mehr frei, aber sie fanden ein ähnliches Angebot in der Nähe. Ihre jüngere Tochter bat, nun doch die Visagisten-Ausbildung beenden zu können. Caroline stimmte unter der Bedingung zu, die Monatsgebühr weiterzuzahlen, dass sie jetzt schon nach Kunden suchen würde. Caroline würde sie mit professionellen Werbefotos unterstützen. Ihre ältere Tochter wechselte zu einer PR-Agentur, wo sie besser verdiente, auch wenn es ihr schwerfiel, ihren Berufswunsch, eine klassische Journalistin zu sein, vorerst aufzugeben.

Zu Carolines Überraschung zahlten die Mädchen schon nach zwei Monaten allein die Miete und alle weiteren Kosten. An einem Sonntag luden sie ihre Mutter stolz zu sich ein, um ihr ihr neues Zuhause zu zeigen. »Eigentlich war das eine ziemlich fiese Aktion«, meinte ihre Jüngere beim Kaffee und grinste, »aber irgendwie hast du schon Recht gehabt.«

Praktische Hilfe
Auf Twitter diskutierten Mütter vor einiger Zeit die besten Tricks, um ihre Kinder zum Auszug zu bewegen: den Immobilienteil der Zeitung oder einen Reiseführer der eigenen Stadt in der Küche auslegen, Kartons ins Kinderzimmer schieben und schon mal einiges einpacken, zu

Ein kleiner Schubs bewegt oft mehr als noch ein Vortrag darüber, was endlich getan werden müsste.

den Festen nur noch praktische Dinge wie Rührstäbe und Wischtücher schenken. Das war einerseits lustig und rührend, andererseits auch ein Eingeständnis der Hilflosigkeit. Man kann sich bei denen, denen man einmal die Windeln gewechselt und die Hausaufgaben korrigiert hat, nicht mit der normalsten Forderung der Welt durchsetzen: Raus aus dem warmen Nest, du bist jetzt flügge und auch mal bereit für den kalten Nordwind. Manchmal braucht es im Leben eben einen Schubs und keine weitere Diskussion. Möglicherweise geht es aber sogar noch einfacher: Das WLAN kappen und erklären, dass man wegen einer Elektrosmog-Allergie zukünftig auch keine Handys mehr im Haushalt tolerieren könne.

Eine kleine Übung: Nimm dir zwei Stunden nur für dich

Du kannst leichter Grenzen setzen, wenn du darauf achtest, genügend Kraft zu haben. Ein Weg dazu ist, dass du dir, egal, wie hektisch es ist und was gerade alles erledigt werden müsste, ab sofort zwei Stunden pro Woche für dich reservierst. Am besten immer an einem festen Termin, zum Beispiel jeden Donnerstag von 20 bis 22 Uhr, damit sich alle anderen darauf einrichten können. Eltern legen sich die Zeit so, dass ihr Kind schon im Bett ist. Wolltest du eigentlich noch abwaschen oder bügeln, verschiebe das und lass alles liegen. Genieße deine Zeit so, wie es dir guttut: einfach mal lesen, Musik hören, Freunde treffen oder versäumten Schlaf nachholen. Beobachte, wie deine Kraft allein dadurch wächst.

Wegen dir habe ich mich fast selbst vergessen

Tom arbeitet hervorragend, merkt aber nicht, dass er seine Chefs und das Team überfordert – bis er ganz allein dasteht und entlassen wird. Deine Lektion: Beobachte genau, ob und wie dein Gegenüber mitzieht.

Als Tom, Anfang 40 und Projektleiter bei einem großen Energieunternehmen, seine Kündigung erhielt, dachte er mit grimmigem Humor, dass er sich eigentlich freuen sollte. Es war, als hätte ihm eine richtig schreckliche Freundin mitgeteilt, dass sie zukünftig lieber einen anderen Mann terrorisieren wolle.

»Du weißt ja, dass wir unterschiedliche Vorstellungen über die Strategie haben«, hatte sein Chef geradezu kollegial gesagt, »daher ist es das Beste für alle.« Und Tom dachte in dem Moment, von dem er mir später erzählte: »Endlich raus aus diesem Laden, erstmal ein halbes Jahr bezahlte Freistellung und dann wieder unter normale Leute!« Drei Jahre war er in dem Unternehmen gewesen und hatte sich aufgerieben an einer Geschäftsleitung, die zwar ständig bessere Ergebnisse gefordert hatte – es sollte sich nur bitte nichts verändern.

Irgendwann muss man die Realität zur Kenntnis nehmen: Manche wollen gar nichts ändern.

»Mir gefällt dein Ton nicht«, hatte sein Chef gemäkelt, wenn er nicht mehr wegreden konnte, dass die Mitarbeiterzahl nicht ausreiche, um die anstehenden Aufgaben zu erledigen. »Dann musst du eben weitersuchen, schreib doch die Stellenanzeige noch mal um«, hieß es, wenn Tom wieder einmal einem Bewerber absagen musste, weil das Unternehmen sich beharrlich weigerte, marktgerechte Gehälter zu zahlen. »Irgendwann habe ich kapiert, dass ich gar nicht gewinnen kann«, sagte Tom, »aber ich wollte auch nicht als Erster aufgeben.« So arbeitete er weiter, bis sich die Firma mit den üblichen Standard-Danksagungen von ihm trennte – die Business-Variante von: »Ich mach Schluss, aber es liegt nicht an dir. Lass uns aber gern Freunde bleiben.«

Als Tom sich für ein Coaching anmeldete, war er bereits drei Monate zu Hause. Sein Gehalt lief noch, da er trotz sechs Monaten Kündigungsfrist noch am selben Tag freigestellt worden war, wie es bei Führungskräften oft üblich ist. Er war einige Male verreist, hatte zu Hause repariert und aufgeräumt, was in den arbeitsreichen Jahren so liegen geblieben war, und danach überlegt, wie es weitergehen sollte. »Ich habe ein, zwei Bewerbungen verschickt, aber eher halbherzig«, sagte er. »Ich komme von dem alten Job nicht los. Am liebsten würde ich alles noch einmal erklären, vor allem meinen Mitarbeitern, damit sie mich verstehen. Ob ich ihnen vielleicht noch einmal eine Mail mit meiner ausführlichen Sicht schicken sollte?«

Manches lässt sich nicht erklären. Halte dich deshalb nicht ewig damit auf, es zu versuchen.

Der Blick zurück ist verständlich, bringt aber meist nicht mehr viel

Der Wunsch, ein unangenehmes Kapitel abzuschließen, um »frei für etwas Neues« zu sein, ist häufig und nachvollziehbar. Oft sind es schmerzliche Gedanken, die zu diesem Wunsch führen: der Zweifel, ob man vielleicht doch nicht so gut war, wie man geglaubt hatte, die Enttäuschung, wie schnell man ersetzbar war, ohne dass der Apparat auch nur einen Moment gestockt hätte, die Verbitterung, verkannt worden zu sein. Hätte man nur die Chance gehabt, sich noch einmal auszusprechen und mehr Möglichkeiten erhalten, wirklich etwas zu verändern – dieser Gedanke kehrt oft immer und immer wieder zurück.

»Eigentlich wusste ich schon nach einigen Wochen, dass ich für die Firmenleitung zu radikal war und mir nur Schwierigkeiten einhandeln würde«, sagte Tom in unserem ersten Gespräch. »Alles war in Ordnung, solange ich ein paar Powerpoint-Slides herumzeigte und die üblichen Schlagworte – Effizienz, Synergien, Dynamik, bla, bla, bla – in die Runde warf. Sobald ich tatsächlich etwas anders machen wollte, wurde unser Geschäftsführer ungemütlich. Erst bestritt er, dass überhaupt größere Veränderungen notwendig waren. Wenn ich ihm dann alles genau vorrechnete, Personalschlüssel, Kosten und so weiter, machte er plötzlich eine Stil-Diskussion daraus. Er warf mir dann vor, dass ich zu forsch und aggressiv sei.«

Wer zu viel arbeitet, steht zwar irgendwann ganz vorn, ist dort aber ziemlich allein.

Tom versuchte, durch Leistung zu überzeugen: Schon vor dem Frühstück schrieb er die ersten E-Mails, die letzten schickte er kurz vor Mitternacht ab. Den Sonntagmorgen verbrachte er damit, die Meetings der kommenden Woche vorzubereiten, seine Ferien mehrheitlich damit, Konzepte auszuarbeiten, die die erkannten Probleme endlich lösen sollten.

»Ich merkte, dass mir mein Team dabei zunehmend entglitt«, sagte er im Rückblick, auch wenn ihn diese Einsicht selbst ärgerte. »Ich habe sie überfordert, und für das Management war das ein weiterer Kritikpunkt: Ich sollte die Kollegen ›mehr mitnehmen‹, obwohl ich selbst mit allem alleingelassen wurde. Ich habe versucht, gewisse Entscheidungen zu erzwingen, die das Team entlasten sollten. Aber das haben die Kollegen nicht gesehen, ich konnte als Chef ja nur begrenzt offen reden.«

Undramatischer Abschied

Als er die Kündigung bekam, war das Schock und Erleichterung zugleich. »Ich hatte selbst schon seit einiger Zeit mit dem Job abgeschlossen und wollte eigentlich nur noch sehen, wie weit ich komme«, sagte er. »Ich habe gemerkt, dass ich mich da total verbissen habe und in dem Unternehmen keine Zukunft habe. Aber aufgeben wäre mir wie eine Kapitulation vorgekommen, da sollten sie mich schon rausschmeißen.« Das war nicht nur Trotz. Er hatte dabei durchaus auch ganz praktische Gedanken: Das nächste Urlaubs- und Weihnachtsgeld wollte er noch mitnehmen sowie einen vollen Anteil an seiner Prämie, als Ausgleich und Startkapital für die Zeit danach.

Der Abschied war erstaunlich undramatisch. Als Tom zum wöchentlichen »Jour fixe« mit dem Geschäftsführer kam und die Personalchefin mit am Tisch sitzen und auf ihn warten sah, war ihm bereits alles klar. »Das Gespräch war nicht unfreundlich«, sagte Tom. »Sie haben ein faires Angebot gemacht. Aufhebungsvertrag, gute Beurteilung, sofortige Freistellung – mehr war hier nicht zu erwarten.« Eine halbe Stunde später stand er mit seiner Aktentasche auf der Straße. Das Team wurde in seiner Abwesenheit informiert, »damit keine unnötige Unruhe entsteht«, wie die Personalchefin routiniert mitteilte, während sie ihn eine Vereinbarung unterzeichnen ließ. Tom wurde gebeten, seinen Laptop und das Firmenhandy innerhalb einer Woche abzugeben. Sein Mail-Account würde zum selben Zeitpunkt gelöscht.

Im Rückblick ist das, wofür man so erbittert gekämpft hat, häufig ziemlich bedeutungslos.

»Das war's also«, erinnerte sich Tom an seine Gedanken damals und musste fast lachen, so enttäuscht er auch gewesen war, »dafür habe ich mich also drei Jahre lang fast verrückt gemacht.« Britney Spears' erste Scheidung nach zweieinhalb Tagen Ehe war wahrscheinlich von mehr Emotionen begleitet, und sie konnte sich danach wenigstens in Las Vegas betrinken. Tom ging damals, obwohl es erst kurz nach 14 Uhr war, aus dem Büro in seine Lieblingsbar schräg gegenüber, und trank zwei Pimm's Cup. Er fühlte sich nach den Drinks allerdings eher ernüchtert als betäubt, lief den langen Weg nach Hause, anstatt die Bahn zu nehmen, schaltete den Computer an und klickte in die Stellenbörse.

Unersetzbar in der Firma?
So etwas hat es noch nie gegeben

Wenig ist frustrierender, als wenn man sagen muss: »Mein Chef macht nicht, was ich will, obwohl ich es klar besser weiß.« Und das ist nicht immer Anmaßung, sondern manchmal sogar Realität. Zwar gibt es viele Arten, mit derartigem Frust produktiv umzugehen. Ich hatte immer wieder Arbeitskollegen, die eine drei- bis vierstellige Zahl ungelesene E-Mails im Posteingang hatten und sich dann darauf konzentrierten, sie in immer neue Outlook-Ordner umzusortieren. Andere entwickelten eine Leidenschaft für Excel-Tabellen, als ob das Eintragen und Auflisten jeder denkbaren Information ihre eigenen Gedanken besser ordnen würde. Solche Geduldsübungen im Büro können Kurse in Zen-Buddhismus ersetzen, langfristig sind sie allerdings sinnlos.

> **Gandhi hatte nur halb recht**
>
> Viele halten sich an Weisheiten wie die von Mahatma Gandhi: »Zuerst ignorieren sie dich, dann lachen sie über dich, dann bekämpfen sie dich, und dann gewinnst du.« Sie vergessen dabei meistens, dass der Ausspruch eigentlich weitergeht: »Und wenn du dann gewonnen hast, wirst du vom Management durch jemanden ersetzt, der weniger kostet und noch stolz darauf ist, dass er alles so machen darf, wie der Chef es angeordnet hat.«

Was bei vielen Frauen die private Rettungsfantasie ist – »ohne mich kann er ja nicht glücklich werden« –, ist bei Männern oft die berufliche Variante: »Ohne mich kann es doch gar nicht weitergehen in der Firma!« Aber die Friedhöfe der Welt liegen voller »unersetzbarer« Leute. Es ging weiter ohne Michelangelo, Einstein, Mozart. Es wird auch in der Logistik, im Controlling und im Vertrieb weitergehen, wenn dieser oder jener Angestellte wieder geht.

Zu schnell gewesen für die anderen
Im Verlauf des Coachings wurde Tom klar, was für ihn das Problem war: Er fühlte sich für etwas verantwortlich gemacht, das er nicht hatte ändern können – und auch nicht entschieden und schnell ändern sollte, da waren die Signale seines Chefs eindeutig gewesen. »Ich hatte das alles in meinen Jahreszielen stehen«, sagte er. »Im Leben wäre ich aber nicht darauf gekommen, dass das gar nicht ernst gemeint war. Ich hätte ein bisschen Change simulieren sollen, das hätte für die Prämie gereicht, und den Job hätte ich dann heute noch. Mein Anspruch ist das nicht. Aber etwas Neues war gar nicht vorgesehen. Ich wollte wirklich etwas besser machen, aber das hat unser Chef weder erwartet noch gewollt.«

Der Anspruch an sich selbst sollte zu dem passen, was die anderen sich vorstellen.

Tom hat sich im Grunde nichts vorzuwerfen: Er hat sich an sachlichen Zielen orientiert, wie es in einem Unternehmen angemessen scheint und auch immer wieder betont wird. Nicht selten sind Kennziffern wie die Umsatz- oder Gewinnentwicklung ein entscheidender Teil der Prämienvereinbarung, so war es auch hier. Tom fühlte sich dadurch verpflichtet und wollte seinen Anteil dafür leisten, dass es der Firma langfristig besser gehen sollte.

Gleichzeitig erfüllte er damit seinen eigenen Anspruch an Professionalität: »Mit 30 wäre ich schon allein davon begeistert gewesen, diese Chance zu bekommen. Jetzt ist mir meine Lebenszeit dafür zu schade, da will ich wirklich etwas bewegen und besser machen. Ich hätte es vielleicht langsamer angehen lassen sollen, aber gefühlt habe ich die Zeit dafür nicht. Da soll sich ein anderer noch ein paar Jahre mit dem Chef streiten, bis er ihn vielleicht zu seinem Glück überreden kann.«

Er fühlte sich gut ausgebildet und auf dem Arbeitsmarkt gefragt genug, um notfalls woanders eine neue Stelle zu finden. Wenn immer ihn sein Vorgesetzter wieder einmal ausgebremst hatte, hatte er sich auch in seiner beruflichen Ehre und in seinem persönlichen Urteilsvermögen angegriffen gesehen.

»Ich habe doch nicht studiert und 20 Jahre Berufserfahrung, um mich dann wie ein Idiot hinstellen zu lassen, der nicht weiß, was er da redet«, sagte Tom ehrlich empört. »Man hat mich geholt, damit ich bestimmte Probleme löse. Ich wusste, was zu tun gewesen wäre, sollte mich aber ständig nur mit Kleinkram beschäftigen, bis die anderen irgendwann einmal so weit gewesen wären.« Er passte nicht ins Team, das aber im positiven Sinne. Er war weiter als die Firma, in der er arbeitete.

Wer zu früh zu viel gibt, wird selten dafür belohnt

Im Privatbereich wissen die meisten erstaunlich gut, dass man zu Beginn einer Beziehung niemals sofort alles geben darf. Hat man das Date seiner Träume beispielsweise erst einmal daran gewöhnt, dass es auch außerhalb der hohen Feiertage – Geburtstag, Weihnachten, unentdeckt gebliebene Verfehlungen – Geschenke gibt, ist das Eau de Toilette von »Douglas« plötzlich nicht mehr gut genug, und der Blumenstrauß von der Tankstelle nebenan wirkt irgendwie billig, obwohl er immerhin auch seine 19,90 Euro gekostet hat.

Man kann anfangs immer alles geben, dieses Niveau aber meistens nicht ewig durchhalten.

Ist es erst einmal normal, dass selbst gekochte Dinner nach Jamie Oliver serviert werden (»meine Thai-Hähnchen-Laksa selbstverständlich mit regional produziertem Honig«), wird bald eine Schnute gezogen, wenn es irgendwann mal nur Bratkartoffeln mit Spiegelei gibt oder der andere gar selbst kochen soll.

> **Jeder braucht ein Ziel**
>
> »Jedes Date braucht Ziele, also immer ein bisschen zappeln lassen« – diese Methode hat manche Romanze in eine Beziehung verwandelt, die beide lange Jahre glücklich gemacht hat. Im Berufsleben machen viele aber plötzlich alles falsch. Da wollen sie vom ersten Tag an beweisen, wie großartig sie sind, und wundern sich, dass sich die Gegenseite nach anfänglicher Begeisterung ziert, mäkelig wird und sich irgendwann anderweitig umsieht. Erlaube anderen, sich auf ein Ziel zu freuen, auch wenn es dir selbst vielleicht nicht schnell genug gehen kann.

Die Diagnose ist klar: Tom war zu schnell für seinen Chef. Er hat alles geboten und dann noch ein bisschen mehr. Dabei hatte sein Vorgesetzter noch nicht einmal den Anfang verdaut.

Realistische Einschätzung
Ein wichtiger Schritt ist auch in diesem Fall, sein Gegenüber besser zu verstehen. Möglicherweise war die Einschätzung von Toms Chef realistisch, dass das Unternehmen und seine Mitarbeiter radikale Veränderungen nicht verkraften würden und am Ende sogar das Geschäft gelitten hätte – kurz: die Risiken und der Preis zu hoch gewesen wären. Eventuell bevorzugte er auch einfach ein geringeres Tempo. Welcher Weg richtig gewesen wäre, ließe sich sowieso erst in einigen Jahren beurteilen, wenn vielleicht beide schon nicht mehr da sein würden.

Wie Tom würdest du wahrscheinlich auch genervt sein, wenn sich etwas ewig nicht bewegt, obwohl dir völlig klar ist, was zu tun wäre. Beschwerst du dich – was der Chef wieder alles falsch macht, dass die Firma in einem desolaten Zustand ist, wie viele Chancen vergeben wurden –, stehst du schnell als ewiger Nörgler da. Versuchst du, mit Fakten zu überzeugen – hier eine hochgehaltene Statistik, da ein unumstößlicher Beitrag im Meeting –, wirkst du manipulativ und nervst. Beides führt dazu, dass sich andere zunehmend von dir abwenden, weil sie sich unter Druck gesetzt fühlen etwas zu tun, was sie nicht wollen, nicht verstehen und in vielen Fällen auch gar nicht dürfen.

Passe dein Tempo an
Die bessere Strategie ist, wenn du wie ein Mentor auftrittst: Pass dein Tempo an und achte immer darauf, ob und wie dein Gegenüber mitzieht. Sage nicht fordernd: »Jetzt müssen wir endlich dies und das machen, sonst...« Sondern: »Was seht ihr als nächste Schritte, die wir gemeinsam schaffen können?« Gib den anderen ausreichend Zeit: Sie müssen erst lernen und verarbeiten, was für dich gedanklich und praktisch bereits Routine ist. Um die Zukunft der Firma musst du dir gar nicht zu viele Gedanken machen, mit großer Wahrscheinlichkeit hat sie bereits lange vor dir bestanden und wird es auch nach dir tun. Überfrachte dich daher nicht unnötig selbst mit Verantwortung.

Nicht selten macht man sich mehr Gedanken um andere, als diese sich um sich selbst machen.

Dieser Ansatz nimmt bereits viel Druck von den anderen, weil sie sich so von dir akzeptiert und unterstützt fühlen, wie sie sind. Kleine Erfolgserlebnisse, für dich vielleicht gar nicht der Rede wert, können für sie große persönliche Umwälzungen und Ermutigungen darstellen und den Weg dafür öffnen, sich mehr zuzutrauen und zu wagen. Versuche, wenn immer möglich, lange Monologe zu vermeiden und stelle lieber offene, neugierige Fragen: »Wie würdest du das angehen?«, »Was sollten wir jetzt als Erstes tun?«, »Wie findest du das?« Hier geht es gar nicht um richtige Antworten, die du wahrscheinlich bereits selbst hättest, sondern um Denkanstöße und geteilten Respekt.

Dass deine veränderte Kommunikation wirkt, erkennst du daran, dass man dich wieder fragt und interessiert daran ist, sich tiefer mit deinen Themen zu beschäftigen und deine Meinung dazu zu hören. Du bist nicht mehr der, der ständig genervt mit den Augen rollt und lange Vorträge hält, die in diesem Moment keinem nützen – sondern jemand, der praktisch hilft, dass Probleme gelöst werden und gleichzeitig die Chancen gibt, etwas dazuzulernen. Du wirst vom Meckerer zum Mentor.

Es könnte sein, dass du tatsächlich unterschätzt wirst

Dir persönlich nützt ein Realitätscheck: Wirst du tatsächlich unterschätzt oder überschätzt du dich? Ziehe erst einmal beide Möglichkeiten in Betracht, auch wenn dir eine tendenziell näher ist. Wer in einem langen Grabenkampf gesteckt hat, ist selbst verletzt, enttäuscht oder verbittert – nicht die beste Voraussetzung, eine Situation, andere und sich selbst neutral zu beurteilen. Je mehr neutrale Kriterien du findest, etwa zu deinen Erfolgen innerhalb der Firma und deinen Chancen außerhalb, desto realistischer wird deine Einschätzung. Eventuell war es wirklich das falsche Umfeld für dich, und das ärgerliche Ende hat zumindest den Vorteil, dass du dich nach etwas umsehen kannst, das besser zu dir passt.

Ein heimliches Tränchen ist immer gestattet. Aber dann muss es wieder weitergehen.

Wenn es endet, darfst du dir trotz aller Einsicht ein Tränchen gestatten. Das ist der bessere Weg, als sich an externen Faktoren – frühere Firma, Chef, Kollegen – abzuarbeiten. Ich erinnere mich an einen früheren, vor mehr als zehn Jahren entlassenen Kollegen, der bis heute nicht darüber hinweggekommen ist und bei jedem Treffen darüber referiert, was die neue Firmenleitung alles falsch macht und wie er es angegangen wäre.

Sei stolz auf das, was du geschafft hast, betrauere und reflektiere, was nicht funktioniert hat. Dann aber solltest du mit neuem Optimismus nach vorn blicken: Vor dir liegen enorme Möglichkeiten und möglicherweise größere Erfolge als diejenigen, die derzeit noch verloren und unersetzlich scheinen.

Neuanfang nach eigenen Regeln
Für Tom war nach diesem Erlebnis klar, dass er nicht wieder als Angestellter arbeiten wollte: »Wenn schon so viel Arbeit, dann auf meine Verantwortung und Rechnung.« Er gründete mit einem ehemaligen Kollegen ein Beratungsbüro für die Energiebranche, und zu seinen ersten Kunden gehörte sein früherer Arbeitgeber, dem er ein Konzept für eine Restrukturierung anbot. Man trug ihm, wie er in den ersten Gesprächen erstaunt und erfreut feststellte, überhaupt nichts nach, er war nur der richtige Mann zur falschen Zeit gewesen.

Manchmal hat es auch sein Gutes, wenn der Auftraggeber vorgeschlagene Verbesserungen nicht sofort umsetzt.

Mit dem neuen Arrangement verdiente er etwas weniger als vorher, konnte sich dafür aber die Arbeits- und Freizeit besser einteilen, weil das tägliche Pendeln ins Büro entfiel. Wie viel seiner Empfehlungen tatsächlich umgesetzt wurden, konnte er seinen Kunden überlassen. »Als Angestellter hätte mich das frustriert. So ist es mir fast gleich, solange die Rechnung bezahlt ist«, meinte er. »Wenn er jetzt noch nicht so weit ist, ist das für mich die Chance, dass er nächstes Jahr wiederkommt und ich das nächste Projekt sicher habe.«

Erfolgreiche Taktiken aus dem Liebesleben bewähren sich, wie du gesehen hast, auch im Beruf. Hänge die Früchte immer ein klein bisschen zu hoch, damit dein Schatz beziehungsweise Chef beschäftigt bleibt und gleichzeitig daran glauben kann, dass er eines Tages alle haben kann, wenn *er* sich bemüht.

Ein bisschen muss man sein Gegenüber beschäftigt halten, um interessant zu bleiben.

Er muss dich ersehen wie das erste eisgekühlte Mon Chéri nach der Sommerpause – in der richtigen Dosis ein Hochgenuss, auf den man sich immer wieder freut. So viel, dass es ihm überdrüssig oder gar übel werden könnte, darf er von dir gar nicht erst bekommen. Da schadet dir dein eigener Ehrgeiz.

Eine kleine Übung: Entscheide, was das richtige Tempo ist

Du kannst also leichter Grenzen setzen, wenn du das richtige Tempo für dich kennst. Nicht zu schnell handeln, um die anderen nicht zu verlieren, aber auch nicht zu langsam, um nicht abgehängt zu werden. Schreibe dir dazu Meilensteine auf, die du beruflich oder persönlich innerhalb einer bestimmten Zeit erreichen möchtest, beispielsweise innerhalb der nächsten zwölf bis 24 Monate. Sei dabei großzügig und kalkuliere ein, dass du immer auch eine Rolle als Mentor hast, der anderen dabei hilft, diese Veränderung mit dir zu machen. Wenn du möchtest, gestalte deinen Plan als Zeitstrahl oder Liste und hänge ihn gut sichtbar auf (zum Beispiel innen an der Wohnungstür) – als tägliche Erinnerung und Motivation für dich.

Ich habe ein Recht auf meine eigene Meinung

Axel ist genervt von seinem ehemaligen Schulfreund, der ihm ständig seine Meinungen aufdrängen will. Deine Lektion: Befreie dich davon, dass du dich an unerwünschten Diskussionen beteiligen musst.

Bei den ersten Nachrichten von seinem ehemaligen Schulfreund wusste Axel noch gar nicht, was er genau darauf antworten sollte – ob überhaupt. Es waren einzelne Links zu Artikeln, die er ohne weitere Erklärung in seinem Facebook-Chat fand. Er glaubte anfangs, er hätte sie vielleicht nur versehentlich erhalten, sie seien gar nicht für ihn bestimmt gewesen. Im Laufe der Zeit kamen aber zunehmend regelmäßig Hinweise auf Artikel, Blogeinträge oder Videos, gelegentlich auch Bildchen, die mit fordernden oder empörten Texten versehen worden waren. Sein Schulfreund ergänzte sie mit Bemerkungen wie: »Typisch mal wieder!«, »So kann das nicht weitergehen...« oder »Anschauen und teilen!!!« Axel war ratlos.

Auf Social Media trifft man Leute wieder, mit denen man eigentlich nichts mehr zu tun haben wollte.

Sie waren zwar einige Jahre gemeinsam in eine Klasse gegangen, aber damals nie besonders enge Freunde gewesen. Schon kurz nach dem Schulabschluss hatten sie sich ganz aus den Augen verloren und erst irgendwann auf Facebook wiedergefunden. Axel hätte nicht einmal mehr sagen können, wer damals wen geaddet, also als Kontakt hinzugefügt hatte.

Er sah im öffentlichen Profil seines Schulfreundes nur einige belanglose Beiträge: Fotos eines Beagles, der wahrscheinlich seiner war, Hinweise auf einen Kleingarten und Urlaub in Griechenland, »spielt jetzt Candy Crush Saga«. Doch im Chat kam Material, mit dem Axel nicht nur nichts anfangen konnte, es störte ihn geradezu: »Soll ich ihn blockieren«, fragte er sich und mich, »oder bin ich nur überempfindlich?«

Als Handwerksmeister mit zwölf Mitarbeitern hatte er sich für ein Coaching angemeldet, weil er seine Kommunikationsfähigkeiten verbessern wollte. Tatsächlich konnte Axel einige Hinweise für sein Geschäft nutzen, etwa für seine Internetseite und die Newsletter, auch für seine Präsentationen bei Veranstaltungen, mit denen er sich und sein Angebot vorstellte.

Vor allem aber wollte er seine Fähigkeit verbessern, sich von unerwünschten Meinungen abzugrenzen, ohne sich deswegen lange über andere oder sich selbst zu ärgern. »Für mich ist das Zeitverschwendung«, meinte er. »Ich habe viel zu tun. Ich kann und will mich nicht mit Leuten aufhalten, die mich missionieren wollen – ganz egal, worum es geht.«

Viele brauchen nur jemanden, der ihnen zuhört

Im Coaching kommt dieses Thema regelmäßig auf und ist für die Klienten meist ein Rätsel: Warum ist es uns nicht egal, was Leute denken, denen wir selbst komplett egal sind, ja, die wir oft noch nicht einmal näher kennen? Wieso beschäftigen wir uns manchmal jahrelang mit Meinungen, die uns doch schon am ersten Tag hätten gleichgültig sein können? Wie angenehm wäre ein Leben nach dem Motto: Denk, was du willst, ich denke, was ich will – viel Erfolg noch in deinem Leben! Die Antwort darauf ist: weil sie etwas in uns anstoßen, das sie für uns bedeutsam macht.

Leider ist uns oft nicht egal, was Leute denken, denen wir selbst komplett egal sind.

Unverbindliche Worte

»An unsere Zeit in der Schule kann ich mich kaum noch erinnern«, sagte Axel im Coaching. »Wir haben einige Jahre in derselben Klasse verbracht, er kam etwas später dazu. Auf alten Fotos habe ich gesehen, dass wir mal zusammen bei einem Ausflug gewesen sein müssen. Von allein hätte ich mich auch daran gar nicht mehr erinnert. Später waren wir zwei- oder dreimal etwas zusammen trinken, und vor etwa drei Jahren habe ich ihn zufällig auf der Straße getroffen.« Sie wechselten damals nur ein paar unverbindliche Worte: »Er ist kein schlechter Kerl, damals gerade frisch geschieden. Aber besonders viel zu sagen hatten wir uns noch nie.«

Im Internet lässt man sich Sachen bieten, die man sich ansonsten verbitten würde.

Umso mehr wunderte sich Axel, dass er nun scheinbar plötzlich zum Vertrauten geworden war, dem sein Schulfreund fortlaufend seine persönlichen Ansichten mitteilte. »Es ist nicht einmal so, dass ich grundsätzlich gegen alles bin, was er mir schickt«, meinte Axel. »Das hängt vom Thema ab. Aber ich will mich nicht ständig mit Dingen beschäftigen müssen, die mir nicht wichtig sind oder die ich jedenfalls nicht so dramatisch sehe. So muss ich immer überlegen: Ignoriere ich es und stehe damit da wie jemand, der nicht einmal den Anstand hat, kurz zu antworten? Oder bedanke ich mich und sage: Nichts für mich? In eine echte Diskussion will ich gar nicht einsteigen, das hätte dann nie ein Ende.«

Aus dem gleichen Grund hatte Axel auch seine anfängliche Idee, seinen früheren Schulfreund einfach einmal wieder persönlich zu treffen, nach kurzem Überlegen wieder verworfen: Er wollte sich nicht in etwas hineinziehen lassen, das vielleicht noch wie eine Ermutigung ausgesehen hätte.

»Im Grunde könnte ich ihn entfreunden und seine Nummer blockieren, falls er mir auf WhatsApp oder per SMS etwas schicken würde«, sagte Axel. »Ansonsten haben wir nichts miteinander zu tun. Wir laufen uns normalerweise nie über den Weg, obwohl wir nur einige Kilometer voneinander entfernt wohnen. So unterschiedlich sind unsere Leben heute.«

Im Laufe der Zeit fiel ihm allerdings auf, dass die Kontaktversuche seines Schulfreundes nicht nur ihm galten und eher mit dessen Stimmungslage zusammenzuhängen schienen.

»Letztes Jahr war er arbeitslos, das habe ich von einem gemeinsamen Kumpel erfahren. Da lief er auf Facebook praktisch Amok: Jede Stunde irgendein blödes Posting. Manchmal eine wüste Schimpferei, manchmal nur ein Satz, bei dem man denken musste, dass er vielleicht depressiv ist«, erinnerte sich Axel. »Ich dachte oft: Rette doch erst mal dich selbst, ehe du die ganze Welt retten willst. Am traurigsten fand ich, dass er manchmal der Einzige war, der seinem Beitrag gelikt und einen Kommentar daruntergeschrieben hat. Das muss man sich mal vorstellen: Da sitzt ein erwachsener Mann allein zu Hause vor dem Computer und spricht mit sich selbst.«

Kritische Distanz

Axel stand der ganzen Online-Kommunikation sowieso kritisch gegenüber. Weniger wegen Datenschutzbedenken – für so interessant hielt er sein Leben nicht, als dass ihm da jemand groß nachspionieren würde. Eher wegen des Zeitverlustes und weil er nach Feierabend sowieso schon ständig am Computer sitzen musste: »Tagsüber bin ich bei den Kunden oder schaue meinen Leuten auf die Finger. Zur Buchhaltung komme ich nur abends oder am Wochenende. Rechnungen schreiben und bezahlen, Steuer anmelden und all das. Das ist genug PC für mich!«

Seinem Schulfreund hatte er daher nur gelegentlich einsilbig geantwortet. »Grüß dich«, »Hoffe, es geht gut«, »Keine Zeit« oder ähnliches, weil er auch keine rechte Idee hatte, was passend und nicht zu aufmunternd sein könnte. Doch er wusste, dass bald die nächste Nachricht in seinem Postfach sein würde, versehen mit »Fassungslos!« oder »Genauso ist es!«, als sei er ein stiller Unterstützer von all dem, was ihm da zugesendet wurde.

Am angenehmsten ist eine Meinung, die eine Variante der eigenen ist

Die Meinungen anderer Leute können durchaus interessant sein. Wer musste beispielsweise nicht schon eine lange Zug- oder Busfahrt hindurch ein Handygespräch mithören und war irgendwann versucht, dem Mitreisenden auf die Schulter zu klopfen: »Könnten Sie bitte auf Lautsprecher schalten? Ich würde jetzt doch gern auch einmal die andere Seite der Geschichte hören.«

Andere sind da selektiver und hören nur gern andere Meinungen, wenn es Varianten ihrer eigenen sind: »Also, wenn du nicht auch ein polysexueller Veganer bist, der sich für den Buddhismus entschieden hat, interessieren mich deine Ansichten eigentlich nicht so.«

Egozentrische Stalker gab es schon immer. Dazu hätte das Internet nicht erfunden werden müssen.

Das Phänomen, jedes Weltereignis auf sich selbst zu beziehen, gab es auch schon vor Social Media. Franz Kafka beschreibt in der Erzählung »Eine kleine Frau«, wie eine Frau in seiner Straße höchst unzufrieden mit ihm sei: »Immer hat sie etwas an mir auszusetzen, immer geschieht ihr Unrecht von mir, ich ärgere sie auf Schritt und Tritt.« Um am Ende anzumerken, dass es sich um eine völlig Unbekannte handelt: »Die einzige Beziehung, die zwischen uns besteht, ist der Ärger, den ich ihr bereite, oder vielmehr der Ärger, den sie sich von mir bereiten lässt.« Ihre Schuld ist es also in jedem Fall, insoweit war er sich sicher.

Für Axel wurde im Coaching klar, was ihn an der Beziehung zu seinem früheren Schulfreund störte: Er fühlte sich in seiner Alltagsroutine unterbrochen und bedrängt, sich mit Meinungen auseinanderzusetzen, über die er gar nicht nachdenken wollte.

Er hatte keine Lust, sich zwangsweise ständig positionieren zu müssen: dafür, dagegen, noch nicht entschieden, wenn ihm vieles relativ gleich war, auch wenn er das öffentlich nicht so ausdrücken würde. Zudem störte ihn die Einseitigkeit: Sein früherer Schulfreund schmiss ihm seine Ansichten hin, hatte aber ansonsten keine einzige Frage, zu welchem Thema auch immer. »Je länger ich darüber nachdenke, desto mehr kommt mir das wie schlechte Manieren vor«, meinte Axel. »Bei einem normalen Gespräch würde man auch nicht akzeptieren, dass einer immer nur auf den anderen einredet. Warum soll das online normal sein?« Er erwog schon, seinen Facebook-Account ganz zu löschen.

Keine Belehrungen

Was in Axel vorging, ist nachvollziehbar, und es ginge dir in einer ähnlichen Situation vielleicht nicht viel anders. Man will die Ansichten anderer respektieren, aber nicht damit bedrängt werden oder gar das Zielobjekt irgendwelcher Missionierungsversuche werden. Sei es, weil man keine Zeit oder eine andere Meinung hat, oft aber auch, weil einem das Thema selbst relativ gleichgültig ist. Axel hatte ein ausgefülltes Leben und war zufrieden damit. Er wollte weder belehrt noch überzeugt werden und sich dafür auch nicht rechtfertigen müssen, als stünde er vor Gericht.

Mitgefühl verhindert manches klare Wort, wo es dringend angebracht wäre.

Gleichzeitig fühlte er sich hin- und hergerissen. Es erschien ihm unhöflich und wäre ihm unangenehm, seinen Schulfreund deutlich zurückzuweisen oder gar als Kontakt zu löschen. Immerhin verbanden sie gemeinsame Erfahrungen, er kannte manche Schwierigkeiten seines Schulfreundes und hatte Mitgefühl. Zudem war es nicht auszuschließen, dass sie sich in der Stadt doch wieder einmal über den Weg liefen, was dann peinlich für beide sein könnte. Denn verdient nicht jeder eine Antwort?

Wegen all dem scheute Axel erkennbar eine klare Aussage, sei es im Chat oder durch eine aktive Entscheidung. So verlängerte er die Situation und ermutigte seinen Schulfreund indirekt, sich weiter an ihn zu wenden. Dass dieser das tut, ist kein Zufall: In Axel hatte er zumindest einen passiven Zuhörer gefunden, bei dem er seine Anliegen platzieren konnte, auch wenn er meist keine Antwort erhielt. So setzte sich der einseitige Dialog fort, mit dem wahrscheinlich keiner zufrieden war.

Ein Leben als Mensch gewordenes Zorn-Emoji
Aus Japan wird berichtet, dass es dort Apps gibt, über die man sich virtuelle Freunde oder Partner buchen kann. Dann schreibt man sich mit jemandem irgendwo in einem Callcenter, der gegen Bezahlung so tut, als sei er höchst interessiert an einem.

Leider gibt es dieses Geschäftsmodell noch nicht für unerwünschte Meinungen. Wie viel angenehmer wäre es, wenn man die Missionare im Freundes- und Bekanntenkreis an solche Stellen verweisen könnte: »Da hört dir sicher jemand sehr gern zu und hat unendlich Zeit!«

Wenn es komplett egal ist, wie eine Botschaft ankommt, dann gibt es auch kein Halten mehr.

Mancher kommuniziert, als würde er seine Nachrichten mit einer Brieftaube durchs geschlossene Fenster schmeißen: Botschaft übermittelt, aber der Schaden ist groß und alle Beteiligten entweder tot oder angewidert. Für alle, die schon länger auf Social-Media-Plattformen unterwegs sind, ist das fast akzeptierte Normalität und wird notgedrungen in Kauf genommen. Tatsächlich findet sich da im kommunikativen Schlamm ja auch immer wieder mal eine Perle, wenn man tief genug gräbt.

Früher war das anders, da gab es eine gesunde Erosion der Beziehungen: Irgendwann war die Nervensäge aus der 8. Klasse aus dem eigenen Leben verschwunden, hatte der komische Kollege aus dem ersten Job die Firma gewechselt. Jetzt muss man ständig damit rechnen, dass sich all die Schatten der Vergangenheit mit einer Freundschaftsanfrage wieder melden.

Wenn man doppeltes Pech hat, ist jemand darunter, der sein Leben als Mensch gewordenes Zorn-Emoji führt. Bei Axels Schulfreund ist es noch nicht ganz so extrem, geht aber in die Richtung, und das ist eigentlich für beide Seiten schade.

In dein Gegenüber versetzen

Es hilft dir, dich zuerst ein wenig in dein Gegenüber zu versetzen, auch wenn du vor allem genervt oder wütend bist, vielleicht auch abgestoßen von bestimmten Ansichten. Nur so aber findest du den Zugang zu einer echten Lösung. Denn selten kannst du jemanden zu etwas zwingen. Gelingt es dir dagegen, jemanden für dich einzunehmen und zu überzeugen, machst du aus einem Gegner einen neuen Freund. Das ist möglich, wenn du ihn ernst nimmst und seine Sichtweise anerkennst, auch wenn du sie selbst nicht oder nur teilweise teilst.

Axels Schulfreund hat offenbar wenig Gefühl dafür, wie er von anderen wahrgenommen wird. Sein großes Bedürfnis, sich mitzuteilen und gehört zu werden, überlagert alles: Grundregeln des Benehmens und zwischenmenschlicher Kommunikation, aber auch einer Freundschaft. Er scheint einsam und emotional unterversorgt, auch sozial unbeholfen. Seine Monologe geben ihm zumindest die Illusion, mit jemandem im Gespräch zu sein, auch wenn die zweite Hälfte, aus der sich ein Dialog erst ergibt – andere Ansichten, zuhören, antworten –, völlig fehlt.

Wie Axel wärst du wahrscheinlich auch etwas ratlos, wie du reagieren solltest. Ignorieren ist eine Option. Wenn das Gegenüber aber sowieso eine völlig einseitige Kommunikation pflegt, kämen die Nachrichten trotzdem unverändert weiter.

Eine inhaltliche Diskussion – was du über dieses oder jenes Thema denkst, wo du zustimmst und was du ablehnst – empfiehlt sich nur, wenn du tatsächlich selbst dafür eine Leidenschaft hast. Ansonsten würdest du in noch mehr Gespräche verwickelt, die du sowieso nicht willst.

Online ist zudem die Gefahr von Missverständnissen groß: Manche Äußerung klingt schärfer, als sie gemeint war, manche Kritik persönlicher, als sie tatsächlich sein sollte. Immer wieder eskalieren derartige Auseinandersetzungen über das Internet so, dass sie langjährige Freundschaften zerstören.

Streiten lohnt sich nur, wenn du nichts Besseres zu tun hast

Die beste Strategie ist daher, das Gespräch auf eine persönliche Ebene zu führen: inhaltlich, also worüber ihr redet, und formell, also wie ihr redet. Es hat oft sowieso keinen Sinn, sich über Themen zu streiten, auf die beide keinen Einfluss haben. Viel mehr als ein unschöner Wettbewerb in Rechthaberei kommt selten dabei raus. Klug wäre also, das weitgehend zu vermeiden.

Ein persönliches Gespräch beseitigt schon durch seine Form viele unnötige Konflikte.

Sobald man sich aber offen und interessiert unterhält, also etwa die Hälfte der Zeit auch zuhört, nachfragt, über das Gesagte nachdenkt, entdeckt man plötzlich selbst bei konträren Ansichten, dass man sich sehr gut unterhalten kann. Hier zeigt sich eine Gemeinsamkeit. Dort lässt sich eine interessante neue Facette entdecken. Nicht selten versteht man sich so auf einmal ausgesprochen gut und kann sich problemlos respektieren.

In ein persönliches Gespräch fließen viel mehr Faktoren ein als beim getippten Chat. Du hörst auch, *wie* etwas gesagt wurde: In welchem Ton, mit welchem Gesichts- und Körperausdruck, und du kannst dich selbst ebenso vielschichtig ausdrücken.

Beide Seiten erhalten so deutlich mehr Informationen, können angemessener reagieren, sich bei Bedarf noch im selben Moment genauer erklären oder auch korrigieren. Eine verunglückte oder missverständliche Aussage erhält damit gar nicht erst das

Gewicht, das sie im geschriebenen Wort hat. »Ich habe das anders gemeint...« genügt oft schon, um das Gespräch angenehm weiterzuführen und sich danach sogar besser zu verstehen, ebenso ein »... sag mal, wie du die Sache siehst.«

Eigene Prioritäten setzen
Dass deine veränderte Kommunikation in diesem Bereich wirkt, erkennst du daran, dass du dich zunehmend um Dinge kümmerst, die in deinem Einflussbereich liegen, anstatt dich weiter im Internet mit Freunden, Bekannten oder gänzlich Fremden herumzustreiten. Es lohnt sich einfach überhaupt nicht.

Ein Freund konkretisierte diese Regel für sich so: »Ich kümmere mich um die fünf Meter um mich herum. Damit bin ich schon vollkommen ausgelastet.« Diese Strategie kann ganz praktische Vorhaben umfassen: lieber gemeinsam etwas unternehmen, endlich mal das Buchregal aussortieren, eine Bewerbung schreiben oder die Steuererklärung erledigen, die Wäsche bügeln und dabei Musik hören oder zum Sport gehen.

Wer politische, kulturelle oder gesellschaftliche Anliegen hat, kann ein Ehrenamt annehmen, eine individuelle Hilfsaktion in der Nachbarschaft starten oder in einem Projekt, in einem Verein oder in einer Partei aktiv werden und damit tatsächlich etwas verändern.

Neue Gesprächsregeln
Axel entschied sich, der vermeintlich unangenehmen Mitteilung an seinen Schulfreund, dass er diese Art von Kontakt mit ihm nicht mehr wolle, nicht länger aus dem Weg zu gehen.

Aber er nahm sich Zeit und schrieb eine freundliche Nachricht: »Entschuldige, dass ich immer so kurz angebunden war. Es war so viel los bei mir, dass ich nie richtig dazu kam, dir zu antworten. Wollen wir uns nicht mal persönlich treffen?« Er schlug einen schön gelegenen Biergarten in ihrer Nähe vor und machte einige zeitliche Angebote für ein Treffen.

Eine Woche später saßen sie zusammen wie zuletzt vor Jahren, sprachen über die Schulzeit, gemeinsame Freunde, was sie beschäftigte – von Scheidung und Arbeitssuche bis zu geschäftlichen Sorgen war alles dabei – und was sie interessierte.

»Ich bin kein Fan von Facebook, da versteht man sich so schnell falsch«, sagte Axel, und sein Schulfreund stimmte zu, er sehe das ganz genauso. Axel bat um Verständnis, dass er online nur selten werde antworten können, aber dass es wirklich schön wäre, sich immer wieder einmal so zu sehen.

Kommt nun doch mal wieder eine Nachricht, ignoriert Axel sie entspannt. Er ärgert sich nicht

Man kann sehr gut miteinander befreundet sein, auch wenn man nicht alle Ansichten teilt.

mehr darüber und auch nicht über sich selbst. Wenn er mit seinem Schulfreund etwas besprechen will, schreibt er ihm gezielt einen Gruß und vereinbart ein Treffen.

Wer sich für nichts mehr schämt, hat natürlich alle Freiheiten

Ein gewisser Verlust des Schamgefühls gehört zum Alter und ist leider die Schattenseite der wachsenden Selbstvergewisserung, die mit den Jahren kommt und eigentlich begrüßenswert ist.

Ich habe beispielsweise nie so viele Männer nackt unter der Schwimmbaddusche oder im Speedo am Beckenrand ihre Yoga-Übungen machen sehen wie in der Altersgruppe 60 plus. Der FKK-Bereich in unserem örtlichen Schwimmbad trägt nicht ohne Grund den liebevollen Beinamen »Jurassic Park«. Auch die Meinungen werden freizügiger präsentiert, und manchmal denkt man sich: Autsch, musste das wirklich sein?

Sich dem zu entziehen – Augen oder Ohren zuhalten – ist deshalb trotz aller Bemühungen nicht nur eine Option, sondern manchmal ein Gebot des Selbstschutzes und zwingend.

Eine kleine Übung: Höre einmal nur interessiert und offen zu, anstatt zu urteilen

Du kannst also leichter Grenzen setzen, wenn du dich darin übst, Meinungen nicht mehr das Gewicht – und damit die Macht über dich – wie bisher zu geben. Probiere in deinen persönlichen Gesprächen regelmäßig, einmal überhaupt nicht zu be- oder zu verurteilen, sondern vor allem zuzuhören, zu beobachten, interessierte Fragen zu stellen. Versuche hauptsächlich, die andere Meinung zu verstehen, auch wenn du sie nicht teilst. Damit nimmst du deinen Gesprächspartner ernst und zeigst gleichzeitig, dass du stark genug bist, dich nicht ständig positionieren zu müssen. Du wirst merken, wie sich die Atmosphäre positiv verändert und wie du eure Beziehung aufbaust beziehungsweise stärkst, anstatt dich in Streitereien aufzureiben.

So wirst du mich nie mehr behandeln

Marina hat lange hingenommen, dass ihr Mann sie lieblos behandelt. Sie war froh, wenigstens nicht mehr allein zu sein, denkt nun aber an Scheidung. Deine Lektion: Du bekommst Respekt nur, wenn du ihn einforderst.

Manchmal konnte Marina, freiberufliche Grafikerin und erst seit einem Jahr verheiratet, ihre Ehe zumindest noch mit Humor sehen: »Ich habe nicht viel erwartet und meine Ansprüche dann gesenkt.« Wenn ihr Mann abends nach Hause kam, war nicht einmal mehr ein »Hallo, Schatz« und die Andeutung eines Kusses an der Wohnungstür drin. Meist ging er mit einem Grummeln, das wohl ein Gruß sein sollte, direkt an ihr vorbei ins Arbeitszimmer und klappte dort seinen Laptop auf.

Was er dort machte, konnte Marina nur vermuten. »World of Warcraft«, weil ihm seine eigene Welt zu trübsinnig war, Parship, um zu sehen, ob er nicht »innerhalb von elf Minuten« eine bessere Frau finden würde, Wohnungssuche, um endlich ganz seine Ruhe zu haben?

Ständige Dankbarkeit bringt auf Dauer eine ungesunde Schieflage in jede Beziehung.

Sie hatten sich erst ein halbes Jahr vor der Hochzeit kennengelernt, ganz klassisch über eine Dating-App, wie es sich heute gehört. Nach mehreren Singlejahren war Marina froh gewesen, dass es endlich »geklappt« hatte, bei ihm schien es ebenso gewesen zu sein. Schnell war Alltag zwischen ihnen.

Leider fiel ihr dadurch zu spät auf, dass ihr Mann das Temperament eines Frosches haben konnte: kalt, aufgeblasen, einzelgängerisch außerhalb der Paarungszeit. Anders als die Märchenprinzessin im »Froschkönig« konnte sie ihn aber nicht einfach an die Wand werfen, damit er sich in einen Prinzen »mit schönen, freundlichen Augen« verwandelte, wie es im Märchen versprochen wurde. »Wollen wir nicht mal reden?«, fragte sie manchmal. Antwort: Grummeln und ein Griff zum Laptop.

Marina hatte sich ursprünglich für ein Coaching angemeldet, weil sie nach einer längeren beruflichen Pause wieder mehr arbeiten wollte. Sie hatte vor zwei Jahren unerwartet geerbt und die Chance genutzt, einige Zeit zu Hause zu bleiben, um sich ein bisschen mehr um sich zu kümmern. Als sie wieder nach Aufträgen oder einer Anstellung suchte, gestaltete sich das schwieriger, als sie erwartet hatte. Die Schwierigkeiten in ihrer jungen Ehe belasteten sie zusätzlich, weil sie sich dadurch ständig abgelenkt fühlte. »Am liebsten würde ich zuerst das geklärt haben, bevor ich mich auf den Job konzentriere«, sagte sie im ersten Gespräch. »Ich bin inzwischen soweit, dass ich die Heirat als Fehler sehe – eine Scheidung wäre auch okay.«

Was tun, wenn sich jemand plötzlich völlig verändert?

Als Coach höre ich oft, dass Klienten ihre aktuelle Lebenssituation radial überdenken und alles auf den Prüfstand stellen wollen. Diese Ehrlichkeit und Offenheit im Gespräch unter vier Augen ist wichtig, auch wenn danach vieles doch so bleibt, wie es ist. Dann aber ist die Entscheidung bewusst getroffen, Vor- und Nachteile sind akzeptiert. Oft beginnen Klienten dabei, wie Marina, mit einem beruflichen Thema. Es fühlt sich sicherer an, zuerst darüber zu sprechen, und rechtfertigt auch die Kosten. Später nehmen sie private Aspekte ihres Lebens dazu, denn am Ende geht es immer um einen ganzheitlichen Lebensentwurf, der alle Bereiche umfasst.

Enttäuschte Erwartungen

»Ich kann meinem Mann gar keine echten Verfehlungen vorwerfen«, sagte Marina, als müsse sie sich fast für ihr Ansinnen entschuldigen. »Er schlägt mich nicht oder so, er trinkt nicht. Soweit ich es überprüfen kann, hat er auch keine Affären. Ich habe gesehen, dass er seinen Browserverlauf löscht. Aber da gehe ich davon aus, dass er manchmal ein Pornovideo anschaut und nicht will, dass ich das mitkriege. Na ja, nicht toll, aber nun wirklich kein Drama. Er bezahlt auch seinen Anteil an der Miete und unseren Kosten ohne jede Diskussion.« Was ihr fehlte, war das, was sie sich unter einem ersten Ehejahr vorgestellt hatte: »Dass er mal paar Blumen mitbringt, auch wenn ich nicht gerade Geburtstag habe, dass wir sonntags einfach mal so zum Champagner-Brunch oder zum Wellness gehen – dass er irgendwie verrückt nach mir ist und mir das zeigt.«

Stattdessen hatte sie inzwischen das Gefühl, eine WG mit einem 34-jährigen Teenager gegründet zu haben. Man achtete darauf, sich nicht zu sehr zu nerven, besprach gemeinsam ein paar notwendige Alltagserledigungen und ging sich ansonsten möglichst aus dem Weg. »Ganz ehrlich, dafür brauche ich nicht verheiratet zu sein«, sagte Marina ernüchtert. »Ich habe ja Verständnis dafür, dass einmal ein paar Klamotten herumliegen oder er mit Fertigpizza ankommt, wenn er ›für uns kocht‹. Aber dass er ständig lieber mit seinem Handy spielt oder mit Freunden skypt, als ein Gespräch mit mir zu führen, geht mir auf Dauer zu weit. Ich bin nicht davon ausgegangen, dass eine Ehe gleich perfekt läuft – ich habe auch meine schwierigen Seiten –, aber dass man sich zumindest etwas bemüht und Interesse zeigt, habe ich schon erwartet.«

Wer andere ständig analysieren will, sollte Therapeut werden und Geld dafür nehmen.

Anfangs hatte sie es sich damit erklärt, dass ihr Mann vielleicht »eher ein Kopfmensch« sei: ein introvertierter Typ, der dafür andere Vorzüge habe und sich selbst noch ans Eheleben gewöhnen müsse. Viel Zeit verbrachte sie in Internetforen, in denen sie hoffte, ihn ergründen zu können. Dort wechselten die Diagnosen schneller als die Auslagen bei H&M: War er am Ende ein Narzisst (»Mangel an Empathie«) oder ein Borderliner (»Missachtung von Gefühlen anderer«), gar ein Psychopath (»oberflächlicher Charme«)? Marina verließ diese Runde bald wieder, erstaunt darüber, wie viele Frauen in ihrer Freizeit offenbar als ehrenamtliche Psychiaterinnen und Therapeutinnen unterwegs waren, Fachrichtung komplizierte Kerle.

Sich um ihre beruflichen Pläne zu kümmern wurde bei all dem zur Randnotiz. »Wenn ich ehrlich bin, habe ich mich noch nirgendwo beworben«, sagte Marina im dritten Gespräch. Sie kannte verschiedene Agenturen, die Mitarbeiter suchten, und von früheren Jobs oft sogar deren Eigentümer. Aber sie zögerte, auch nur eine E-Mail zu verschicken: »Ich weiß, dass ich verschiedene Leute anrufen könnte und wahrscheinlich schon am nächsten Tag einen Termin hätte. Aber ich bin nicht sicher, ob ich das Richtige mache und überhaupt noch so gut wie früher bin. Ich habe in den letzten Jahren ja kaum noch gearbeitet und muss erst wieder in Übung kommen.«

Wenn sich der andere verweigert, bringt noch mehr Druck auf ihn auch nichts.

Sie war sich sicher, dass sie zuerst ihre Eheprobleme lösen sollte, dann würde sie sich selbstbewusster und bereit für Vorstellungsgespräche fühlen. Das Problem: »Ich kann das schwerlich allein machen. Wie soll das gehen, wenn mein Mann sich praktisch verweigert und kaum das Nötigste mit mir spricht?«

Zwar sprach sie früh von der Möglichkeit einer Scheidung, wenn es gar nicht anders gehen würde, räumte aber ein: »Ich habe gesehen, was sonst noch so draußen herumläuft – Traummänner jedenfalls auch nicht. Versuchen würde ich es also auf jeden Fall.« Wichtig war ihr aber, zukünftig mit mehr Respekt, Aufmerksamkeit und mit, ja, Liebe behandelt zu werden: »Ich merke, wie mich die aktuelle Lage herunterzieht«, meinte sie. »Langsam kratzt das an meinem Selbstbewusstsein, und das war nie besonders toll. Ich muss das also wirklich nicht haben.«

> ### Ein kleiner Trost
>
> Wenn du mit 30 noch Single bist, kannst du dich eigentlich trösten, denn dann hast du wahrscheinlich schon mal deine erste Scheidung übersprungen. Wenn du mit 30 allerdings verheiratet bist und sagen musst: »Wir wollen eine glückliche Ehe, aber meine bessere Hälfte ist dagegen« – nicht so gut.
>
> Immerhin ist die Würde des Menschen sogar im Grundgesetz garantiert, obwohl pausenlos dagegen verstoßen wird. Man denke nur an gewisse Bewerbungsgespräche, Umkleidekabinen mit Neonbeleuchtung oder den aktuellen Bühnen-Look von Madonna – alles Fälle für die Menschenrechtskommission. Das musst du wirklich nicht haben.

Psychologische Selbstdiagnosen sind selten eine gute Idee

Psychologische Selbstdiagnosen helfen in solchen Fällen auch nicht weiter. Eine gestresste Bekannte hat eine Zeitlang ihren Freundeskreis mit der Idee in den Wahnsinn getrieben, sie wäre eine »hochsensible Person«, eine »HSP«. Bald wies sie in jedem zweiten Satz darauf hin: »Ich als Hochsensible spüre das noch einmal ganz anders…«, »Als HSP hat man da eine andere Perspektive!« Oder erkundigte sich mitten im Gespräch: »Du bist wohl nicht hochsensibel? Dann kannst du das natürlich nicht nachvollziehen.« Ein Freund zeigte ihr schließlich eine Karikatur, die ein Elternpaar in einer Schule zeigt. Der Lehrer sagt darauf zu ihnen: »Ihr Kind ist nicht hochbegabt. Sie sind nur beide sehr, sehr dumm.« Das war etwas derb, aber eine lieb gemeinte Gefälligkeit, und sie verstand: Sie hatte sich selbst zum Sonderfall erklärt, um nicht der Tatsache ins Auge blicken zu müssen, dass sie ganz normal war – und nur gewisse Leute um sie herum einen Schaden hatten und sie völlig verunsicherten.

Respekt darfst du erwarten
Die Grenze, die für Marina überschritten wurde, heißt Respekt. Sie erwartete, völlig zu Recht, Achtung und Aufmerksamkeit für sich und die gemeinsame Ehe. Immerhin sollte ihre Beziehung bis vor Kurzem noch »bis dass der Tod euch scheidet« dauern, auch wenn man das im Standesamt heutzutage nicht mehr so ausdrücklich sagte. Marina hatte sich zwar ein wenig arrangiert und hoffte auf Besserung, dachte aber gleichzeitig auch schon an eine Trennung. Das brauchte alles so viel Kraft, dass ihre beruflichen Pläne darunter litten und ihr Selbstbewusstsein – notwendig für jedes Vorstellungsgespräch – eher schwächer wurde.

Warum machte sie all das mit? Marina war froh, nach längerer Suche endlich einen Partner gefunden zu haben, der sich auf sie einließ und mit dem sich schon wenige Monate später ein Lebenstraum erfüllte, nämlich die Heirat. Sie ging darauf ein, weil sie gar keinen idealen Partner erwartete und annahm, ihre Ehe – wenn sie denn erst einmal geschlossen war – gemeinsam gestalten zu können.

Pragmatismus ist nötig für jede Beziehung, sollte aber nicht die einzige Basis sein.

All dieser Pragmatismus war allerdings, wie sie nun feststellen musste, einseitig: Ihr Mann zeigte sich ziemlich passiv und zog sich angesichts der Unterschiedlichkeiten, die auch für ihn erkennbar geworden sein mussten, so weit wie möglich zurück. Marinas Reaktion darauf war, noch aktiver zu werden: Sie versuchte, ihren Mann psychologisch zu analysieren, und verschob ihre beruflichen Pläne »ihm zuliebe«, ohne gefragt zu haben, ob er das wollte. Er reagierte mit Flucht: Wenn es nicht sein Büro war, dann verschwand er ins Arbeitszimmer oder griff, wenn er ihr gar nicht anders ausweichen konnte, zum Handy.

Für Marina hatten sich, wie sie erkennen musste, die Mittel damit erschöpft: Ein Partner, der nicht mehr mit einem reden möchte, ist nur noch körperlich anwesend. »Aber soll ich nun aufgeben«, fragte sie sich, »oder abwarten, ob es besser wird?«

Liebe macht blind, Ehe öffnet die Augen wieder

Eine Freundin hat einige Zeit für eine Partnervermittlung gearbeitet. Wie sie feststellen musste, waren all die Kontaktanzeigen, mit denen Interessenten geworben wurden, frei erfunden. Für Arbeiter wurde getextet: »Ich bin blond, habe vielleicht einen etwas zu großen Busen und koche gern.« Für Rentnerinnen: »Dunkelhaariger, gut situierter Pensionär, 1,80 Meter, mit Führerschein und Wagen.« Für den Luxusmarkt – »im Sommer an der Außenalster, im Winter in St. Moritz« – immer eine Variante von »gute Figur in Jeans wie im kleinen Schwarzen«. Kurz: Alle Wünsche und Widersprüche vereint in einer Person, aber »dich nehme ich, wie du bist«. War der Vermittlungsvertrag erst einmal abgeschlossen, fand sich plötzlich nur noch ein mittlerer Angestellter mit Kindern und seelischem Ballast aus erster Ehe in der Kartei, der nicht wusste, was er selbst wollte, aber hohe Erwartungen hatte.

Erst nach dem offiziellen Jawort merkt man, wozu man eigentlich genau Ja gesagt hat.

Man sagt nicht umsonst: Liebe macht blind, Ehe öffnet die Augen wieder. Auf den Vorwurf »Du bist nicht der, den ich geheiratet habe!«, muss man korrekt antworten: »Jetzt siehst du überhaupt erst, wen du geheiratet hast.« Auf diese Realität hat uns keiner der bezaubernden Rosamunde-Pilcher-Filme im

ZDF vorbereitet. Hier hat sich bisher noch jede Gelegenheitsbekanntschaft als einsamer Millionär mit Adelstitel und Ländereien in Cornwall herausgestellt, oft verwitwet – damit rührend hilfsbedürftig, aber beziehungsfähig –, der sich nichts sehnlicher wünscht, als »nur für dich da zu sein«.

Marinas Ehemann ist wahrscheinlich kein schlechter Mensch, sondern ebenso überfordert und ernüchtert wie sie. Man kann davon ausgehen, dass er sich seine Ehe auch anders vorgestellt hatte. Nur reagierte er mit Flucht – Büro, Arbeitszimmer, Laptop, Handy –, während Marina es offensiv anging. Sein Rückzug verschaffte ihm zumindest ein bisschen Ruhe, denn er fühlte sich offenbar eher bedrängt als motiviert. Erwartungen, die man nicht erfüllen kann, spornen die wenigsten Menschen an, die meisten resignieren eher.

Ausdiskutieren kann man auch nicht alles
Wie Marina würdest du wahrscheinlich auch versuchen, eine Beziehung, die dir wichtig ist, zu verbessern. Mit Druck (»Ich werde um unsere Liebe kämpfen!«) vertreibst du andere allerdings eher, ebenso mit sanfter Erpressung (»Wenn du mich je geliebt hast…«, »Denk an unsere Kinder…«). Nachspionieren – Browserverläufe kontrollieren, SMS- und Chat-Nachrichten nachlesen – untergräbt das Vertrauen, egal, wer am Ende damit dem anderen etwas nachweisen kann. Beziehungsprobleme lassen sich auch nur begrenzt ausdiskutieren. Fordere also nicht immer wieder neue Aussprachen oder Erklärungen.

Kümmere dich mehr um dich selbst als immer um den anderen

Die erfolgreichere Strategie ist es, zunächst Druck aus der Sache zu nehmen. Arbeite dich nicht mehr an deinem Gegenüber ab, das du sowieso nicht ändern kannst, konzentriere dich auf dein eigenes Leben: Was kannst du allein tun, damit du glücklicher bist? Im besten Fall wirst du damit ein interessanterer Partner, mit dem man gern Zeit verbringt. Ansonsten hast du zumindest deine Probleme gelöst und bist, falls es doch zur Trennung kommt, vorbereitet – emotional wie praktisch. Für Marina könnte das ganz konkret bedeuten: sich zuerst um ihre Arbeit zu kümmern, eventuell auch um ihre Freunde oder ein Hobby, anstatt weiterhin darauf zu warten, ob und in welcher Stimmung ihr Mann wohl diesmal nach Hause kommen würde.

Dafür ist oft eine gewisse Angst zu überwinden: »Was, wenn wir uns noch mehr entfremden und ich dann ganz allein dastehe?« Derartige Gedanken kommen häufig vor und sind normal, weisen dich aber auf ein weiteres Gebiet hin, um das du dich zuerst kümmern solltest: deine Verletzungen aus früheren Beziehungen und wie du damit umgehen willst.

Die eigene Geschichte reflektieren

Oft hilft es sehr, die bisherige Geschichte deines Lebens oder ausgewählte Erinnerungen für dich niederzuschreiben. Damit klärt sich vieles: deine eigene Rolle und die der anderen, aber auch, was du in deinen Beziehungen zukünftig anders machen kannst. Der Blick zurück erhellt vieles, gleichzeitig verlieren die Ereignisse von damals ihre Kraft. Manchmal kann es auch sinnvoll sein, sich im Rahmen einer Therapie oder eines Coachings noch intensiver damit zu beschäftigen.

Wenn du dich bewusst mit schmerzhaften Lebenserfahrungen auseinandersetzt, verändert sich unweigerlich deine Einstellung dazu, und damit auch deine Kommunikation. Du forderst und brauchst weniger von anderen, weil du zunehmend größere eigene Ressourcen hast, also Kraft, Ruhe und Sicherheit unabhängig von deinem Partner. Dass das wirkt, erkennst du daran, dass dein Gegenüber sich nicht mehr zurückzieht, sondern offener und interessierter wird. Oft zeigt sich das in Kleinigkeiten: das Angebot, doch wieder einmal etwas gemeinsam zu unternehmen, ein Gespräch, das über Alltagsfragen hinausgeht, die Rückkehr der emotionalen und vielfach auch körperlichen Intimität.

Vergessen können
Widerstehe der Versuchung, immer wieder zurück auf Start zu springen mit Forderungen wie: »Jetzt müssen wir aber noch mal über alles reden, was vorgefallen ist!« Solch ein Gespräch kann einmal kommen, aber erst viel später, nötig ist es nicht. Versuche stattdessen, die andere Person noch einmal neu kennenzulernen, als hättet ihr euch gerade erst getroffen und wärt neugierig und aufgeregt, wie der andere wohl ist. Respekt und Höflichkeit musst du gar nicht mehr ausdrücklich einfordern, deine veränderte Ausstrahlung signalisiert ohne viele Worte, dass du sie selbstverständlich erwartest oder dich ansonsten anderweitig orientieren wirst.

Sich anders zu verhalten ist nicht so leicht, wie man sich das zunächst vorgestellt hatte.

»Das ist nicht das, was ich erwartet habe«, gab Marina in unserem Gespräch zu. Sie hatte sich »praktische Tipps« erhofft, mit denen sie ihren Mann verändern könne, auch wenn sie im Grunde wusste, dass das nicht funktioniert. Stattdessen – »Dazu musste ich mich wirklich zwingen!« – aktualisierte sie Text und Foto ihres LinkedIn-Profils und ergänzte ihre Mappe um neue Arbeitsproben. Mehreren früheren Vorgesetzten schickte sie eine kurze E-Mail, ob man sich nicht »auf einen Kaffee« wiedersehen könne, und erzählte ihnen bei diesen Treffen, dass sie gern wieder mehr arbeiten würde. Sie bekam spontan einen Auftrag sowie anderswo die Bitte, für eine bald frei werdende Stelle ihre

Bewerbung einzureichen. Marina: »Nur eine Schwangerschaftsvertretung für ein Jahr, aber ein guter Anfang.«

Die Beziehung zu ihrem Mann entspannte sich schon allein dadurch, dass sie selbst viel weniger Zeit hatte und sich nicht mehr allzu sehr mit seinen Stimmungen aufhalten konnte. Sie verabredeten für jeden Mittwoch eine »Date-Night«: einen gemeinsamen Abend, über den sie jeweils abwechselnd entschieden und gestalteten. Beim dritten Mal, sie waren auf seinen Vorschlag hin beim Bowling und danach in einem American Diner, sagte er ihr, er sei »trotz allem« froh, dass sie geheiratet hätten und neugierig darauf, wie es für sie beide weitergehen würde. Sie empfand es ähnlich: kein Traummann, aber eine sehr solide Basis für die Realität.

Ein bisschen weniger Druck erlaubt es dem anderen, sich auch wieder zu öffnen.

Subtile Selbstverbesserung

In einem Blogpost zu Beziehungen las ich einmal die Forderung: »Wenn ich dich mit deinen schlimmen Seiten nicht akzeptieren kann, solltest du vielleicht aufhören, so schrecklich zu sein.« Mit dieser Einstellung ist keiner der bald acht Milliarden Erdbewohner gut genug. Eine alte Dame, mit der ich einmal im Zug ins Gespräch kam, erzählte mir, sie sei jetzt über 80 und seit 25 Jahren verheiratet, »aber eine Fernbeziehung mit getrennten Wohnungen«. Nur so habe sie Zeit »für die wichtigen Dinge: Literatur und Lyrik«, ihr Mann sei die wunderbare Zugabe zu alldem. Wer perfekt ist, kann nur sich selbst genügen. Für alle anderen gilt: Eine Ehe ist noch immer das effektivste Programm zur beidseitigen Selbstverbesserung.

Eine kleine Übung: Mach dir deine positiven Seiten bewusst

Du kannst also leichter Grenzen setzen, wenn du deinen eigenen Wert schätzt. Schreibe dir dazu auf ein dickeres DIN-A4-Blatt möglichst viele positive Eigenschaften, die andere an dir gelobt haben. Sie können körperlich sein (zum Beispiel dein Lächeln oder deine Augen), geistig (zum Beispiel deine Intelligenz oder deine Auffassungsgabe) und seelisch (zum Beispiel deine Lebensfreude oder Hilfsbereitschaft). Wenn du Lust hast, kannst du dieses Blatt zusätzlich noch ein wenig verschönern, indem du es farblich gestaltest, Fotos oder Sticker aufklebst. Hebe dir dieses Blatt auf und schaue immer wieder einmal darauf, wenn du Zweifel an dir selbst bekommst: All das sind positive Seiten, die dich wertvoll und liebenswert machen.

Mein Leben gehört mir, auch wenn du mir wichtig bist

Sören fühlt sich von seiner Mutter, die seit der Scheidung mit ihm allein lebt, als Ersatzpartner vereinnahmt. Deine Lektion: Es gibt einen feinen, aber erkennbaren Unterschied zwischen Fürsorge und Bevormundung.

Eigentlich erlebte Sören jede Woche mehrmals, wovon andere nur träumen können. Eine Frau erklärte ihm öffentlich ihre Liebe und grenzenlose Bewunderung. Sie zeigte sich mit ihm auf Facebook und Instagram, sichtbar für alle: untergehakt beim Spaziergang, an ihn gekuschelt für ein Selfie, beim gespielten Zuprosten am Küchentisch. Wenn er einmal allein zu sehen war, hatte sie meist Motive ausgewählt, die ihn elegant im Anzug zeigten, beispielsweise nach einer Familienfeier, und die Bilder mit schwärmerischen Bemerkungen, Kuss- und Herzchen-Emojis versehen: »So stolz auf dich!«, »Ein langer gemeinsamer Weg«, »Mein kleiner großer Mann«.

Das Problem: Sören war 17 Jahre alt und die Frau seine Mutter.

Was manchen überraschen mag: Es gibt so etwas wie »zu viel Liebe«. Wenn sie dem anderen nämlich jede Freiheit nimmt.

Lange Zeit hatte er das normal gefunden, weil er es gar nicht anders kannte. Doch seit einem halben Jahr hatte er eine Freundin, eine Stufe über ihm auf dem Gymnasium, die das anfangs witzig und später »ziemlich schräg« fand.

»Erst deswegen habe ich überhaupt über das Thema nachgedacht«, sagte Sören mir im Vorgespräch. »Meine Freundin findet, dass meine Mutter damit völlig übertreibt. Meine Mutter meint, dass meine Freundin wohl eifersüchtig auf sie ist. Ich kann dazu gar nicht viel sagen. Aber ich will jedenfalls auch nicht dazwischen stehen.« Einige Male gab es deswegen bereits Streit zu Hause, und seine Mutter hatte ihm dabei vorgeworfen, »undankbar« zu sein.

Gleichwohl nahm sie danach Kontakt für ein Coaching mit mir auf: Sie würde sich eine Beratung für ihren Sohn wünschen, der beruflich und persönlich nicht wisse, was er wolle.

In jedem Lebensalter lässt sich neu darüber nachdenken, wie es nun weitergehen soll.

»Er ist nach der Scheidung ohne Vater aufgewachsen«, sagte sie fast entschuldigend. »Als Mutter kann ich ihm auch nur bis zu einem gewissen Grad eine Orientierung geben. Ich kann ihm nie ganz den Vater ersetzen.«

Wir vereinbarten, dass ich – wenn Sören das wünschte – ein Vorgespräch mit ihm führen würde und, wenn er danach weiterhin interessiert sei, einige Coaching-Sitzungen. Sie würde die Kosten übernehmen, vertraglich würde aber ihr gegenüber Verschwiegenheit über den Inhalt unserer Gespräche vereinbart. Sören selbst war natürlich frei darin, ihr so viel oder so wenig über seine Gedanken zu erzählen, wie er es wollte.

Es kommt eher selten vor, dass Kinder und Jugendliche ein Coaching nutzen. Meist wird für sie bei Bedarf eher eine Therapie gewählt, sowohl wegen der Themen als auch der dafür üblichen Kostenübernahme durch die Krankenkasse. Zudem hängt es auch entscheidend vom Alter und der Reflektionsfähigkeit ab, Coaching ist ein aktiver Prozess, der eine gewisse gemeinsame Augenhöhe zwischen Coach und Klient erfordert.

Ich persönlich gebe für Klienten unter 25 Jahren meist einen Rabatt und biete für Berufsanfänger gelegentlich auch ehrenamtliche Coachings an. Die vertragliche Regelung entspricht derjenigen bei Coachings, die ein Arbeitgeber einem Mitarbeiter bezahlt: Auch er hat die Rolle eines Sponsors, der die Kosten trägt. Alles Weitere bleibt zwischen Coach und Klient.

Eltern vergessen manchmal, dass sie auch ein eigenes Leben brauchen

»Meine Eltern haben sich scheiden lassen, als ich ungefähr acht Jahre alt war«, sagte Sören im ersten Gespräch. Er erinnerte sich nur noch wenig an die Zeit, als seine Eltern noch zusammenlebten. Seine Mutter hatte sich trotz der nicht ganz einfachen Scheidung immer bemüht, positiv über seinen Vater zu sprechen, auch wenn er sie unverkennbar auch danach noch enttäuscht hatte.

»Er hat wieder geheiratet und zwei Kinder mit seiner neuen Frau«, erklärte Sören. »Mit uns hatte er seitdem keinen Kontakt mehr, auch nicht mit mir, obwohl meine Mutter ihn einige Male deswegen gefragt hat. Er hat den Unterhalt bezahlt, ansonsten war das für ihn offensichtlich abgeschlossen.«

Sören hatte somit in den vergangenen knapp zehn Jahren allein mit seiner Mutter gelebt, die seitdem keine neue feste Beziehung eingegangen war. Einmal hatte sie sich zwei Jahre lang regelmäßig mit einem Mann getroffen, der ein ehemaliger Arbeitskollege von ihr war. Sören lernte ihn nach einigen Monaten kennen. Zu dritt unternahmen sie mehrere Ausflüge und gingen ins Restaurant, aber er zog nie zu ihnen und wurde auch kein Ersatzvater. Später hatte seine Mutter keinen Kontakt mehr zu ihm, Sören sah ihn nie wieder. Die Gründe dafür erfuhr er nicht.

Zu viel Vertraulichkeit sorgt manchmal dafür, dass jeder Unterschied zwischen Eltern und Kindern verwischt wird.

»Mit einer Freundin ist sie später am Wochenende manchmal ausgegangen, vor allem, als ich aufs Gymnasium gekommen bin. Vorher war ich ja noch zu klein«, erzählte Sören. »Unsere Nachbarin hatte unseren Wohnungsschlüssel und hat dann abends nach mir geschaut.«

Einerseits fand Sören es lustig, dass ihn seine Mutter an solchen Abenden fragte, wie er ihr Outfit finde und ob er diesen oder jenen Clubhit auch kenne. Es verband sie und führte dazu, dass er sich früh »erwachsen« fühlte. Andererseits hat er sich, wie er sagte, oft eine »ganz normale« Familie gewünscht, wo Mutter und Vater abends gemeinsam zu Hause sind.

»Dass es mit meiner Mutter nicht so ist wie bei anderen, das ist mir klar«, meinte Sören. »Sie ist meine Mutter, aber auch ein bisschen wie eine beste Freundin. Manchmal hat sie mir auch erzählt, wenn es auf der Arbeit nicht so gut lief, wir mit dem Geld Probleme hatten oder ein Mann blöd zu ihr war. Viel konnte ich nicht dazu sagen. Aber ich habe ihr dann eben zugehört, und ich glaube, das hat ihr schon geholfen.«

Die Fotos im Internet störten ihn. »Eigentlich sind das nette, harmlose Bilder. Auch wenn ich mich nicht unbedingt als Kind beim Planschen auf Facebook sehen muss, das ist nämlich auch dabei«, sagte er. »Aber so Sprüche wie ›Du bist doch der Beste‹ oder Kuss-Smiley sind schon peinlich. Das sieht ja auch meine Klasse, wenn sie mich markiert. Inzwischen gehe ich schon gar nicht mehr auf Facebook, sondern rede mit meinen Freunden lieber auf Snapchat oder WhatsApp.«

Er wünschte sich, dass seine Mutter einen neuen Partner finden würde, auch wenn sich das für ihn ebenfalls »etwas komisch« anfühlen würde. »Aber sie kann ja nicht ewig allein bleiben. Ich ziehe irgendwann aus, studieren will ich ganz sicher woanders. Da wäre es mir lieber, sie ist nicht ständig allein in der Wohnung oder hängt vor dem Computer oder am Handy.«

Wer jemandem helfen will, darf keine Angst haben, ihn mit der Wahrheit zu verletzen.

Einige Male hatte er überlegt, ob und wie er sie am besten auf die Fotos ansprechen könnte. Jetzt, wo er eine Freundin hatte und bald volljährig wurde, wollte er auch nicht mehr ständig umarmt und abgeküsst werden wie ein Junge, jedenfalls nicht öffentlich vor anderen. »Meine Freundin denkt sonst noch, ich bin ein Baby«, meinte Sören. »Ich will meiner Mutter nicht wehtun oder sie ärgern. Sie ist super, und ich hab sie lieb, aber das muss sie jetzt schon verstehen.«

Einige Eltern sind so cool, dass man gar nicht gegen sie rebellieren kann

Schon unter normalen Umständen ist es für Teenager heutzutage nicht mehr leicht, sich von den Eltern abzugrenzen. Die Generation der Urgroßeltern musste ihre Eltern in manchen Regionen noch siezen. Heute trifft man die eigene Mutter eventuell bei Zara, und sie schnappt einem gerade das Teil weg, das man selbst wollte, oder man erfährt möglicherweise zuerst von ihr, dass Kollegah »eine neue Single gedroppt« hat. Der Vater taucht eventuell im Sportstudio auf und ist an der Beinpresse besser, als es der eigene Stolz verträgt. Bei der Klimademo sind sie sowieso alle. Manche Eltern sind so cool, dass ihre Kinder inzwischen gezwungen sind, Trachtenmode zu tragen oder einer Freikirche beizutreten, um überhaupt noch gegen sie rebellieren zu können. Da wird es ziemlich schwierig, sich einfach durch schräges Verhalten oder einen ungewöhnlichen Haarschnitt abzugrenzen, wie es frühere Generationen noch konnten.

Lass dich nicht einschüchtern

»Machen coole Eltern dir das Leben schwer?«, fragte eine Zeitung vor einiger Zeit ihre Leser und stellte fast beleidigt fest: »Traditionell sollten uns unsere Eltern peinlich sein.« Als neue Probleme wurden aufgelistet: Die Eltern sind erfolgreicher, sehen besser aus und sind sportlicher als man selbst. Lass dich davon nicht einschüchtern, egal, auf welcher Seite du gerade stehst. Auch die Coolen haben einmal uncool angefangen, und die Uncoolen von heute können die Coolen von morgen sein. Im Laufe deines Lebens wirst du relativ sicher auf beiden Seiten einmal stehen.

Oft ist bereits der Blick in ihre Fotoalben ein kleiner Schock: Ja, sie hatten auch vor 30 Jahren schon einen Sinn für Mode, gingen auf die Konzerte der Bands, die heute als Legenden gelten, und fuhren schon Skateboard oder Inlineskates, als man selbst noch nicht mal in der Wiege hin und her geschaukelt wurde.

Unklare Familienrollen
Für Sören wurde im Gespräch bald klar, welche Grenze hier verletzt wurde, auch wenn er wegen seines Alters noch nicht alle Nuancen benennen konnte. Er hatte nicht mehr nur die Rolle eines Sohnes, selbst bei einer äußerst modernen Definition, was »Familie« heute bedeutet. Er war gleichzeitig zum Ersatzpartner und Vertrauten geworden.

Liebe kennt viele Arten und braucht deshalb auch verschiedene Bezugspersonen.

Das stürzte ihn in verschiedene innere Konflikte: Er liebte seine Mutter, bewunderte sie und war ihr dankbar. Aber das wollte er auf andere Weise tun und fühlen als bei seiner Freundin. Es war ihm fast peinlich, dass er das peinlich fand, denn er wollte nicht als undankbar oder illoyal dastehen. Gleichzeitig spürte er, dass hier etwas nicht stimmte, auch wenn er es noch nicht ganz artikulieren konnte, und setzte es damit fort, weil er es nicht besser wusste. Ein Zwiespalt der Gefühle.

Man kann nicht immer ersetzen, was der andere vermisst

Was Sören beschäftigt, ist ein normaler Teil jedes Erwachsenwerdens. Man will die Zuneigung zu seinen Eltern und seine Dankbarkeit weiterhin zeigen, aber zunehmend selbstbestimmt und auf seine eigene Weise. Dazu gehört selbstredend, dass man das ab einem gewissen Alter – spätestens der Volljährigkeit – anders tun möchte als einst in Kinderjahren.

Sörens Mutter hält ihn jedoch unbewusst in der Rolle des passiven, verfügbaren Kindes fest und drängt ihn gleichzeitig zu etwas, das ihm weder von der Position noch vom Alter her entspricht: ihr gleichrangiger Ersatzpartner zu sein.

Ihr Sohn will sie erkennbar unterstützen und ihr gewisse Aspekte des Alleinlebens erleichtern, aber er kann ihr keinen Mann ersetzen. Auch familiäre Beziehungen entwickeln und verändern sich, und Sören spürt einen wachsenden Widerwillen in sich, weiterhin in eine Rolle gedrängt zu werden, die nicht mehr zu ihm passt oder noch nie gepasst hat.

Innerlich geklärt hat sich für ihn die Situation, seit er eine Freundin hat. Ihr kann er ein gleichberechtigter Partner sein, nicht nur ein bequemer Ersatz, und ihre Beziehung hat potenziell eine Zukunft: gemeinsam lernen und studieren, Zusammenziehen, Heirat, Kinder.

Wer sehr jung ist, kann vielleicht noch nicht alles verstehen, aber bereits alles spüren.

Im Vergleich, den er selbst so nicht ziehen würde, wird auch klar, dass seine Mutter seit langem eine echte Partnerschaft gescheut oder vermieden hat, denn Optionen wird es in all den Jahren gegeben haben. Sören wird das spüren, scheut sich aber, es auszusprechen. Es widerspricht vielem, was er für seine Mutter fühlt oder glaubt, ihr zuliebe tun zu müssen.

Hochbegabt und hypersensibel gleichzeitig
Die Beziehung moderner Eltern zu ihren Kindern kann durchaus eigenwillig sein. Ein ehemaliger Arbeitskollege hat seinem Sohn noch vor der Geburt einen Facebook-Account eingerichtet und befüllt ihn mit Fotos, Videos und Beiträgen im Stil eines Tagebuchs, seit die Schwangerschaft seiner Frau sichtbar geworden war. Seine Idee ist, dem Jungen später einmal – mit 13 Jahren, wenn er offiziell überhaupt erst Facebook-Mitglied werden darf – das Passwort zu dieser digitalen Zeitkapsel zu übergeben. Man darf gespannt sein, wie der Junge es finden wird, sein

gesamtes bisheriges Leben im Internet dokumentiert vorzufinden. Vielleicht ist er gerührt, vielleicht auch peinlich berührt: »Ach menno, Papa, die Nackfotos vom Stausee und als ich beim Fasching eine Prinzessin war, mussten es auch sein?«

Andere leben sich darin aus, ihnen möglichst originelle Namen zu geben, sie schon früh an vegane Kost zu gewöhnen und zum Chinesisch-Sprachkurs zu schicken, also als eigenes Kreativprojekt erkennbar zu machen. Wenn das Kind nicht gleichzeitig hochbegabt und hypersensibel ist, hat man in den Augen mancher völlig versagt: Wenigstens eine bisher unbekannte Allergie oder Phobie, die sonst noch keiner in der Klasse hat, hätte es doch schon sein können!

Echter Stolz auf den Sohn
Sörens Mutter ist ganz sicher ehrlich stolz auf ihren Sohn, und jeder Blick auf ihn erinnert sie an viele Jahre gemeinsam überstandener Schwierigkeiten. Kaum jemand wählt es freiwillig, eine Trennung und Scheidung durchzustehen, alleinerziehend zu sein und über Jahre zu bleiben. Dieses geteilte Erleben verbindet auf besondere Weise. Ihr Sohn war gleichzeitig Motivation und Trost, aber auch Hilfe bei Einsamkeit und Enttäuschungen, etwa mit anderen Männern. Auf gewisse Weise ist ein Kind bequemer als ein Erwachsener: Es ist abhängig und damit verfügbar, es kann wenig fordern, liebt bedingungslos und ohne Vergleich.

Wer emotional bedürftig ist, hilft sich am meisten, wenn er das zuerst anerkennt.

Es würde nicht helfen und wäre insgesamt auch unfair, Sörens Mutter etwas vorzuwerfen. Sie hat getan, was ihr sinnvoll erschien und möglich war. Sie hat über all die Jahre erreicht, was notwendig war. Die besonders starke Beziehung zu ihrem Sohn hat dabei mitgeholfen: Er hat sie motiviert, gestärkt und getröstet, wenn sie es selbst brauchte. Ihr wird selbst klar gewesen sein, was alles nicht ideal lief, aber so war die Lage eben.

Was auch nicht helfen würde und für Sören höchstens in einem späteren Lebensalter eine Option wäre, ist eine tiefgründige Auseinandersetzung mit der Vergangenheit und den Rollen aller Beteiligten. Die Vergangenheit ist, trotz allem, schon jetzt vorbei. Vieles kann man noch einmal durchdenken, reflektieren und besprechen, entscheidend aber ist, wie es weitergehen soll.

Der andere muss von dir hören, was du dir genau wünschst

Die erfolgreichere Strategie ist, zuerst einmal anzuerkennen, was der andere geleistet hat und auszudrücken, dass und wofür man dankbar ist. Man denkt sich oft: »Aber das weiß er doch längst!« Oder: »Das ist ja ganz klar.« Es ist jedoch wichtig, dies einmal auszusprechen, damit der andere ganz sicher sein kann: Es wurde gesehen und geschätzt. Solch eine Feststellung – »Danke für das, was du für mich gemacht hast« – ist auch ein Anerkennen der früheren eigenen Bedürftigkeit und erlaubt dem anderen, selbst seine Verletzlichkeit zu zeigen. Er muss sich nicht verhärten und verschließen, um sich zu schützen.

Der zweite Schritt ist, die zukünftige Beziehung zu gestalten: die eigenen Wünsche mitzuteilen und darauf achten, dass sie respektiert und umgesetzt werden. Das kann mit liebevollen Worten geschehen, muss aber eindeutig sein. Für Sören kann das beispielsweise bedeuten, seine Mutter zu bitten, keine Fotos mehr von ihm ungefragt ins Internet zu stellen.

Der Wunsch kann zusätzlich beinhalten, neue Rollen einzunehmen. Hier könnte jemand wie Sören seiner Mutter sagen: »Bitte denke daran, dass ich dein Sohn bin. Ich muss nicht alles wissen von dir. Ich würde mir aber wünschen, dass du bald wieder jemanden kennenlernst, der an deiner Seite ist.« Ob sie

Schwierige Gespräche lassen sich gut vorab üben. So fallen sie später leichter.

das tut oder überhaupt will, steht außerhalb seiner Macht, aber der Wunsch ist damit klar formuliert: Sei meine Mutter, nicht meine Partnerin. Diese Rolle erhält eine andere Frau.

Neue Wege in der Familie

Dass die veränderte Kommunikation wirkt, wird daran sichtbar, dass sich die Rollen neu ordnen: Jeder geht einen Weg, der sich vom bisherigen unterscheidet. Das bedeutet nicht, dass sich die Beziehung verschlechtert oder oberflächlicher werden muss. Nicht selten öffnen sich, wenn das geklärt ist, ganz neue Wege der Kommunikation. Ein gemeinsamer Urlaub – nun, da alle erwachsen sind – ist beispielsweise oft eine wunderbare Erfahrung für eine Familie, ebenso das gemeinsame Anpacken, wenn das erste Mal Enkelkinder unterwegs sind.

Mit zunehmendem Lebensalter entdecken erwachsene Kinder ihre Eltern häufig noch einmal ganz neu, sehen vielleicht klarer deren Schwächen, aber auch deren Stärken. Mancher ihrer Ratschläge, der einst als »unmöglich« zurückgewiesen wurde, war im Rückblick doch sinnvoll. Manche nicht ideale Lebensentscheidung war eben doch die beste, die unter den Umständen möglich war. So entwickelt sich oft auf neuer Basis eine vertrautere Beziehung als in früheren Jahren.

Offene Gespräche

Sören nutzte seinen bevorstehenden 18. Geburtstag, um mit seiner Mutter über seine Pläne für die kommenden Jahre zu sprechen. Gleichzeitig wollte er behutsam einige Dinge klarstellen. »Ich habe ihr gesagt, dass ich für mein Studium in die Großstadt ziehen will«, erzählte er später. »Meine Freundin will sich ebenfalls dort bewerben. Falls es für uns beide klappt und wir dann noch zusammen sind, wollen wir uns zusammen eine kleine Wohnung mieten. Wie es dann weitergeht, sehen wir.«

Zu Beginn des Gesprächs hatte er sich bei seiner Mutter für all das bedankt, was sie für ihn getan hatte, was sie zu Tränen rührte. Das sei doch »selbstverständlich« gewesen, wehrte sie ab, doch Sören widersprach: »Es ist etwas Besonderes.« Für die Zukunft bat er sie, ihn nicht mehr ohne vorherige Frage online zu stellen oder zu markieren, und gewisse Fotos möge sie bitte löschen. Er verpackte es als Scherz,

Ein ehrlich gemeinter, offener Dank ist oft der beste Anfang für ein klärendes Gespräch.

machte damit aber klar, dass er erwachsener geworden war und deshalb auch von ihr so behandelt werden wollte: »Meine Freundin muss mich nicht unbedingt als Baby sehen, auch wenn du das natürlich niedlich findest.«

Den Eltern ähnlich geworden

Manche sagen: Richtig erwachsen ist man erst, wenn man einräumen kann, dass man seinen Eltern beängstigend ähnlich geworden ist. Dummerweise hat man manchmal genau das geerbt, was man nun wirklich nicht wollte, etwa die Jeansgröße, den Musikgeschmack oder ein etwas verunglücktes Beuteschema bei der Partnerwahl. Aber das versöhnt ganze Familien: Wenn Kritik automatisch zur Selbstkritik wird, ist man auch zurückhaltender damit. Das kann man nach außen hin natürlich als Altersweisheit verkaufen, es ist in Wahrheit intelligenter Selbstschutz.

Bei optischen Gemeinsamkeiten ist man oft noch am ehesten bereit, Ähnlichkeiten zuzugeben. »Kuck mal, ich habe die gleichen Haare wie Papa«, »Bald bin ich so groß wie du«, »Als Kind war ich auch so dünn«. Bei charakterlichen Ähnlichkeiten wird es dann schon heikler, und die meisten sparen sich derartige Vergleiche für Streitsituationen auf, um sie kurz danach schon wieder zu bereuen: »Genauso trotzig wie dein Vater!« Man sollte da relativ gefasst herangehen: Mit großer Wahrscheinlichkeit ist man nicht »total anders« als die eigenen Eltern (und ebenso die Großeltern), auch wenn man das vielleicht gern so hätte. Seinem genetischen Schatten entkommt keiner ganz.

Eine kleine Übung: Gemeinsamkeiten und Unterschiede erkennen

Du kannst dich also leichter abgrenzen, wenn dir die Gemeinsamkeiten und Unterschiede zu deinem Gegenüber klar sind. Diese kleine Übung kann dir dabei helfen: Nimm dir ein Blatt Papier und schreibe zu einer bestimmten Person in zwei Spalten auf, was euch verbindet und was euch trennt. Das können Eigenschaften, Vorlieben und Abneigungen, aber auch Verantwortlichkeiten und Aufgaben sein. Du wirst bemerken, dass bei jedem Menschen beides zutrifft, wenn auch in unterschiedlichem Maße: Keiner ist exakt wie du, keiner ist aber auch komplett verschieden von dir. Beides zu sehen und festzuhalten definiert eure Rollen und zeigt dir auf, wo ihr übereinstimmt und wo ihr euch zwingend unterscheidet, ohne dass das ein Problem wäre. Sieh immer beide Seiten.

Nur wer an sich selbst glaubt, kann Grenzen setzen

Wer sich abgrenzen will, muss zuerst einmal daran glauben, dass er das Recht dazu hat. Setze dich also ein wenig damit auseinander, was du eigentlich über dich selbst denkst und wie du andere siehst.

Natürlich will jeder nur »Egoist« nachgerufen bekommen, wenn das Parfüm von Chanel gemeint ist. Gleichzeitig ist es unvermeidlich, dass deine Interessen manchmal mit denen anderer kollidieren. Beispiel: Im Tiefkühlfach ist nur noch eine 100-Milliliter-Packung Ben & Jerry's Chocolate Chip Cookie Dough, aber verschiedene Personen im Haushalt erheben Ansprüche. Würdest du es dir nehmen, teilen oder verzichten und mit welcher Begründung? Das war natürlich nur ein Gedankenexperiment. Selbstverständlich würdest du es dir nehmen, dieses Grundmuster hat uns – laut Darwin – überhaupt erst dahin gebracht, wo wir heute sind. Ohne einen gesunden Egoismus würdest du gar nicht dieses Buch lesen, sondern wir würden uns irgendwo in einer urzeitlichen Steppe gemeinsam durchs Gras hangeln.

Am ehesten überzeugst du andere immer noch, wenn zuerst du selbst überzeugt bist.

Aber im Ernst: Es ist am leichtesten, sich auf eine bestimmte Weise zu verhalten, wenn du davon überzeugt bist und dich deswegen weder verstellen noch zu etwas ermahnen oder gar zwingen musst. In diesem Kapitel findest du Grundeinstellungen, die für Menschen typisch sind, die sich abgrenzen können. Sie sind nicht egoistisch, achten aber darauf, dass bei ihnen die Balance zwischen Geben und Nehmen stimmt. Auch du kannst dich damit wirksam davor schützen, von anderen immer wieder ausgenutzt, überlastet und gestresst zu werden.

Geh die einzelnen Punkte einfach durch und achte darauf, was du dabei denkst und fühlst. Wo du einen Widerstand spürst, erkennst du, dass hier andere Macht über dich haben, weil du sie ihnen gibst. Das ist nicht schlimm, sondern zeigt dir, wo du deine bisherige Meinung überdenken könntest, wenn du dich unabhängiger machen möchtest. Dies erlaubt dir, dich ohne Anstrengung abzugrenzen und deine eigenen Entscheidungen zu treffen, ohne das übrigens begründen oder rechtfertigen zu müssen.

Überzeugung 1: Es ist völlig in Ordnung, Nein zu sagen

Mary Poppins behauptet, »Supercalifragilisticexpialigetisch« sei das magischste Wort, das es gebe. Da irrt sie sich in ihrer Londoner Stadtvilla, Kirschbaumweg 17, in Wahrheit ist es ein viel kürzeres: »Nein«. Manche tun sich schwer mit der Aussprache, sagen hundertmal »Ja«, obwohl sie das genaue Gegenteil meinen, und müssen mit den Folgen leben, ehe sie es endlich gelernt haben. Sobald es aber einmal sitzt, merkt man unverkennbar: Gar kein Problem, Übung macht den Neinsager!

Jeder hat selbstverständlich das Recht, dich um Hilfe oder um einem Gefallen zu bitten – sogar, etwas direkt von dir zu fordern. Ebenso hast du aber auch immer das Recht, zu all dem Nein zu sagen. Du musst das nicht begründen, dich nicht erklären und auch nicht in Diskussionen und Verhandlungen verwickeln lassen. Du kannst immer Nein sagen, ohne dir deswegen ein schlechtes Gewissen machen lassen zu müssen. Deine Entscheidung dazu genügt als Grund.

Wenn du dich dazu noch nicht schlagfertig genug fühlst, hilft es, wenn du vorab mögliche Erwiderungen einübst, auf die du bei Bedarf zurückgreifen kannst. Sprich sie einmal für dich und entscheide, was dir am besten gefällt: »Das möchte ich nicht, aber es ist okay, dass du gefragt hast«, »Das passt mir nicht«, »Das ist nicht das Richtige für mich, vielen Dank«. Oder einfach: »Nein« – ohne weitere Erklärungen, denn dazu bist du überhaupt nicht verpflichtet. Lehne ab, was du nicht möchtest.

Überzeugung 2: Ich kann den anderen nicht alles abnehmen

Jeder muss mit den Folgen seiner Entscheidungen leben lernen. Wer jahrelang Musik von Dieter Bohlen hört, wird wahrscheinlich einmal einen Tinnitus bekommen – die Ohren wollen das Gehirn schützen, das ist eine ganz normale körperliche Abwehrreaktion. Andere bleiben ungebildet, weil sie nie Bücher oder die Tageszeitung lesen. Ihnen genügt es, gelegentlich in ihren Camp-David-T-Shirts zu schmökern und zu glauben, damit hätten sie die Welt verstanden oder zumindest gedanklich bereist.

Du kannst anderen ihre Entscheidungen nicht abnehmen, daher solltest du auch nicht die Konsequenzen übernehmen. Lass die Verantwortung bei der Person, bei der sie zunächst einmal tatsächlich ist. Damit zeigst du auch dein Grundvertrauen in die Fähigkeiten deiner Mitmenschen: Sie werden im Normalfall auch ohne dich klarkommen, falls es sich nicht um Kleinkinder oder Kranke handelt. Aber selbst da bist nicht du allein verantwortlich. Und du erlaubst ihnen nur so, Konsequenzen zu erleben und aus ihnen zu lernen.

Stelle interessierte Fragen und höre aufmerksam zu. Du musst nie sofort deine Hilfe anbieten.

Wenn dir jemand von seinen Problemen erzählt, stelle interessierte Nachfragen, statt sofort deine Hilfe anzubieten. Geht es um Geldsorgen: »Wie wollt ihr das lösen, eventuell einige Ausgaben runterfahren?« Nervt der Job: »Wie läuft es denn mit den Bewerbungen?« Dadurch erfährst du, was dein Gegenüber bisher unternommen hat, wie weit es sich überhaupt mit möglichen Lösungen auseinandergesetzt hat und wie viel Zeit es noch benötigen wird. Danach kannst du immer noch entscheiden, ob und wie viel du helfen willst.

Überzeugung 3: Ich bin weder Therapeut noch Sozialarbeiter

Es gibt Leute, die sagen: »Ich brauche keine Hobbys. Mein Partner ist mein Projekt. Ich habe ihm bereits gezeigt, wie man sich besser anzieht, mit Geld umgeht und im Bett auch mal an andere denkt. Als Nächstes üben wir ›Bitte‹ und ›Danke‹.«

Falls du in deiner Freizeit gern als Therapeut oder Sozialarbeiter tätig werden möchtest, solltest du eine Weiterbildung machen und dich anschließend pro Gespräch bezahlen lassen – oder alternativ ein Ehrenamt bei der Kirche, der Flüchtlingshilfe oder im Verein für verlassene Dauernörgler anbieten.

Ein Ehrenamt eignet sich besser, den Wunsch nach mehr Helfen sinnvoll auszuleben.

In deinen sonstigen Beziehungen bist du weder Therapeut noch Sozialarbeiter. Du musst niemanden ergründen, analysieren oder verbessern und solltest das auch lassen. Es entmündigt dein Gegenüber, bringt eure Beziehung in Schieflage und wird dir am Ende nicht einmal gedankt. Eine Freundin half ihrem Ex-Mann jahrelang mit viel Geld und noch mehr Verständnis (»Das ist alles wegen seiner dominanten Mutter«), nur um sich während der Scheidung von ihm vorwerfen zu lassen: »Ich hätte nie gedacht, dass du so egoistisch bist!« Das tut weh, ist aber nicht selten.

90 Prozent des Helfens bestehen darin, einfach nur da zu sein: viel Geduld mit jemandem zu haben, den man gern mag oder gar liebt, ohne all dessen Probleme lösen zu wollen. Wenn

du dir das antust und das aushältst, ist das schon eine dankenswerte Leistung. Hilf deshalb außerhalb von akuten Krisen nur im Ausnahmefall und nicht dauerhaft derselben Person. Manche müssen erst ihre Lektion lernen, damit es endlich besser wird.

Überzeugung 4: Es ist okay, wenn andere auch mal leiden

Wer regelmäßig eines dieser gehässigen Frauenmagazine liest, in denen jedes Nicht-Model »alt« oder fett« ist, weiß, wie sich Leiden anfühlt. Selbst Pornoseiten sind da zartfühlender, da gibt es dafür sogar eigene positive Kategorien – »erfahren«, »üppig« – für die Fans. Manche leiden schon unter dem morgendlichen Blick in den Spiegel: »Ich weiß nicht, wer du bist, und ich bin mir nicht sicher, ob ich mit dir in einem Raum sein möchte.«

Leiden ist nie angenehm, gehört aber zum Lernen und zum Leben. Erlaube anderen, die gerade unter etwas leiden, diese Erfahrung. Nur so ermöglichst du ihnen, besser und stärker zu werden. Der Weg dahin ist holprig, und du wirst auch einiges abkriegen: Wut (»Du bist so fies, wenn du mir jetzt nicht hilfst.«), Enttäuschung (»Hätte ich nie von dir gedacht.«), Bitterkeit (»Lass mich nur hängen ...«). Sieh das als Stationen auf ihrem Weg, sie gehören dazu.

Es ist nie besonders angenehm, leiden zu müssen. Aber nur so lernt man etwas dazu.

Wenn jemand, den du magst oder gar liebst, unter etwas leidet, werde trotzdem erst einmal nur zum aufmerksamen Beobachter: Wie viel davon ist selbst verschuldet, obwohl die anderen oder die allgemeinen Umstände angeblich schuld sind? Wie geht die andere Person mit ihrem Problem um, klagt und fordert sie nur oder wird sie selbst aktiv? Entscheide erst dann über deine weiteren Angebote, halte dich aber möglichst weit zurück. Du musst nicht alles und alle retten.

Überzeugung 5: Gedankenlesen ist nicht meine Aufgabe

Manche halten die Köpfe ihrer Mitmenschen für Kristallkugeln und wollen unentwegt hineinspähen: Welche Gedanken könnte man herauslesen, welche verborgenen Wünsche herausfinden und erfüllen? Problematische Beziehungen erwecken bei solch einer Einstellung einen ganz falschen Ehrgeiz und Stolz: »Mein Partner spricht nicht mehr mit mir! Das kann nur bedeuten, dass wir uns jetzt ohne Worte verstehen. Und wenn nicht, muss *ich* mich mehr anstrengen.« Autismus ist allerdings eine Krankheit, kein Lifestyle, den man begeistert anstreben sollte.

Du bist nicht dafür da, die Bedürfnisse anderer zu erahnen. Es ist gut, Empathie zu zeigen: darauf zu achten, auch die Bedürfnisse anderer wahrzunehmen, rücksichtsvoll und sensibel zu sein. Das bedeutet aber nicht, dass du immer für alle mitdenken musst. Jeder Erwachsene hat selbst die Verantwortung, sich mitzuteilen. Lass dich nicht dazu verleiten oder gar erpressen – »Wenn du mich liebst, verstehst du mich auch so!« –, zum Gedankenleser zu werden.

Du bist darauf angewiesen, dass dir dein Gegenüber offen und klar sagt, was ihm wichtig ist.

Umgib dich mit Menschen, die sich dir auf eine positive Weise mitteilen und ermutige diejenigen, die sich aus Schüchternheit oder Unerfahrenheit damit noch schwertun, offener zu sein. Eure Beziehung ist darauf angewiesen, dass sie äußern, was sie wollen und was nicht. Richte deine Energie ansonsten vor allem darauf, selbst klar mitzuteilen, was du möchtest und was dir wichtig ist, damit die anderen Bescheid wissen.

Wenn du allerdings tatsächlich die Gedanken anderer lesen kannst, solltest du ein kleines Zelt aufstellen und als Wahrsager oder Medium tätig werden. Oder du spezialisierst dich auf Lottozahlen und Börsenkurse und nutzt dieses Talent dafür, schnell reich zu werden. In eine Beziehung gehört all das nicht.

Überzeugung 6: Mitleid ist keine Basis für eine Beziehung

Wenig ist deprimierender als der Schlager der bezaubernden Sängerin Nicole, in dem sie um ein bisschen Liebe bettelt: »Was soll ich denn tun, wie soll ich denn sein? Ich bin nicht so stark, wie es dir vielleicht scheint!« Ein Leben als emotionaler Bittsteller ist ungesund für alle Beteiligten, und Nicole hat sowieso alle Zuwendung dieser Welt verdient. Immerhin hat sie das Unmögliche geschafft: einen Grand Prix für Deutschland geholt.

Mitleid ist niemals eine Basis für gesunde Beziehungen. Weder für Freundschaften noch für Partnerschaften und im Berufsleben schon gar nicht. Es ist zum Beispiel keine gute Idee, einen unfähigen Mitarbeiter ewig weiterzubeschäftigen, weil dessen Suche nach einem neuen Job vielleicht schwierig würde. Lass dich also nicht durch Bedürftigkeit – vielfach selbst verschuldete Unfähigkeit – zu etwas drängen, das du gar nicht willst, ebenso nicht durch Appelle an deine Hilfsbereitschaft. Du schadest dir und auch dem anderen.

Wer immer nur deine Hilfe braucht, kann niemals ein echter Freund oder Partner sein.

Ziehe einen Schlussstrich: Beende Beziehungen, die auf Mitleid beruhen. Das heißt nicht, dass du danach nicht unterstützen kannst, etwa einem Ex-Partner, der häufig Geldprobleme hat, mal etwas zustecken. Aber das geschieht dann unter anderen Voraussetzungen, nämlich freiwillig und im Einzelfall. Wenn jemand dauerhaft auf deine Hilfe angewiesen, aber nicht dein Kind ist, handelt es sich um ein Pflegeverhältnis.

Solltest du feststellen, dass du dich immer wieder mit Partnern, Freunden oder Kollegen umgibst, die dir völlig unterlegen sind, deutet das auf den Wunsch nach einer Machtposition oder auf ein unangemessen niedriges Selbstbewusstsein hin. Das ist nicht selten und kann Anlass sein, sich mehr mit diesen Aspekten zu beschäftigen, als weiter die Feuerwehr für alle zu spielen.

Überzeugung 7: Hilf dir erst selbst, nur dann kannst du anderen helfen

Stell dir vor, du freust dich auf die Ferien, sitzt bereits im Flugzeug und hörst folgende Durchsage: »Falls Sauerstoffmasken aus der Kabinendecke fallen, drücken Sie zuerst eine auf Mund und Nase von Kindern und Hilfsbedürftigen. Wenn dann allen geholfen ist, dürfen Sie sich auch eine nehmen. Viel Glück!« Selbstverständlich würdest du das exakte Gegenteil machen, wie es auch empfohlen wird: Erst dir helfen, anschließend anderen.

Wer hilfsbereit sein will, muss dafür sorgen, dass er genug eigene Ressourcen dafür hat.

Hilfsbereitschaft ist eine gute Eigenschaft, aber schon das Wort beinhaltet die wichtigste Bedingung dafür: »Bereitschaft«. Um helfen zu können, musst du dazu in der Lage sein. Das bedeutet, mehr Ressourcen – Kraft, Zeit, Geld – zu haben, als du für dich selbst benötigst. Nur dann kannst du anderen davon abgeben, ohne dir selbst zu schaden, und das auch über einen längeren Zeitraum hinweg, ohne dich zu erschöpfen. Nur das trägt langfristig.

Achte also darauf, dass du alle deine Ressourcen immer wieder ausreichend auffüllst. Durch deine Lebensweise: ausreichend Ruhe und Schlaf, gesunde Ernährung, Zeit für Sport. Durch soziale Kontakte: belebende, inspirierende Freundschaften, gute Partnerschaften und Beziehungen zu deiner Familie. Durch verantwortungsvollen Umgang mit Geld: Gib nicht mehr, als du überhaupt hast, auch wenn es für eine gute Sache ist.

Überzeugung 8: Ich bin in Ordnung, so wie ich bin

Die Fernsehwerbung hat uns mehr inspirierende Botschaften verschafft als alle sogenannten Dichter und Denker zusammen, denk beispielsweise nur an: »Ich will so bleiben, wie ich bin – du darfst!«. Es ist zwar ziemlich raffiniert, den Leuten damit Halbfettmargarine und Ähnliches zu verkaufen, weil sie hoffen, dass die Nutella auf ihrem Rosinenbrötchen dann nicht mehr so durchschlägt. Aber erst zählt das Bemühen, dann die Kalorien.

Zuerst musst du dich selbst mögen. Anders sind gesunde Beziehungen gar nicht möglich.

Du bist in Ordnung, so wie du bist, und du kannst so bleiben. Wer das für sich akzeptiert und damit seinen Wert anerkennt, kann sich auch abgrenzen. Denn damit ist dir klar, dass deine Bedürfnisse nicht weniger wichtig sind als die anderer. Jeder hat Ziele. Der eine will sportlicher werden, der andere einen Abschluss nachholen oder Schwedisch lernen. Aber das sind einzelne Kompetenzen, niemals Bedingungen für deinen Wert als Mensch.

Wenn dich dauerhaft das Gefühl der Unzulänglichkeit plagt – nicht intelligent, attraktiv, interessant, männlich beziehungsweise weiblich genug –, mühe dich nicht ab, das durch Leistung kompensieren zu wollen. Das kaschiert kurzzeitig, löst aber niemals das Problem. Setze dich besser direkt damit auseinander, vor allem mit früheren Erfahrungen, die dein Selbstbild geprägt und vielleicht beschädigt haben. Therapie, Coaching oder Selbsthilfegruppen sind gute Möglichkeiten dafür.

Überzeugung 9: Jeder ist für sein Glück selbst verantwortlich

Geschätzte 50 Prozent des Internets sind mit Empfehlungen gefüllt, wie man angeblich glücklich wird. Die anderen 50 Prozent sind die populären Antworten darauf: Katzenvideos, Kochen und Kommentarkriege, wenn jemand irgendwo »die falsche Meinung« hat. Manche sind bescheiden: »Glück ist, wenn ich nicht unglücklich bin.« Andere haben hohe Ansprüche: »Ein goldenes Hochhaus-Penthouse wie bei den Trumps sollte es schon sein!«

Glück ist höchst individuell: Jeder definiert, sucht und findet es anders, zudem unterliegt es äußeren Umständen und kurzfristigen Moden. Das bedeutet, dass du für dich selbst herausfinden und entscheiden musst (und auch kannst), was dich persönlich glücklich macht. Umgekehrt kannst du anderen zwar helfen, ein gutes Leben zu führen, sie aber nicht glücklich machen. Das ist ihre Aufgabe und Verantwortung, nicht deine.

Dein Wissen, was dich glücklich macht und was nicht, nimmt mit jeder Erfahrung zu. Probiere also vieles aus, erforsche die Welt und dich selbst. Ausbildung und Beruf, Reisen, Hobbys, Sport, Partnerschaften, Familie und Freundschaften, Spiritualität, Religion, Tiere, Natur – die Liste deiner Möglichkeiten ist unendlich. Sorge immer für Abwechslung in deinem Leben und bleibe bis ins Alter neugierig und offen.

Lebenslanges Lernen

Wenn du bisher zugestimmt, aber gleichzeitig gedacht hast: »Ich würde gern unabhängiger sein, aber die anderen lassen mich ja nicht!« – diese Überzeugungen sind Wege, die du komplett allein gehen kannst. Sie stärken dich, wenn du sie für dich annehmen kannst, und helfen dir, dich abzugrenzen. Sie sind nicht angeboren und leider auch nur selten anerzogen, entwickeln sich aber im Laufe eines gelungenen Lebens.

Der wichtigste Schritt dazu ist, dich nicht mehr allzu sehr an anderen Menschen – ihren Fehlern, Irrtümern und Versäumnissen – abzuarbeiten, sondern dich darauf zu konzentrieren, was du für dich selbst besser machen kannst und anders machen willst. Dann klappt es auch mit dem Nachbarn und all den anderen Menschen, die dir wichtig sind.

Grenzen muss man sich leisten können

Sich von anderen abgrenzen, das sagt sich so leicht. Doch was, wenn man finanziell, emotional oder anderweitig von dem anderen abhängig ist? Je mehr Unabhängigkeit du dir schaffen kannst, umso leichter hast du es.

Manchmal ist es wie verhext. Da hat man extra viel Geld beim Shoppen ausgegeben, wie es in »The Secret« doch ausdrücklich empfohlen wurde. Aber das Universum sendet noch immer nicht die Schecks zurück, die notwendig wären, um sich endlich von seinem nervigen Chef verabschieden zu können.

Bei anderen versagt das »Weiße-Magie-Ritual« aus der Frauenzeitschrift ihres Vertrauens. Es konnte weder einen besseren Partner noch den Mietvertrag für eine eigene Wohnung herbeizaubern, die für eine überfällige Trennung notwendig wären. Hat die gute Hexe aus der Redaktion versagt?

Man stellt dieses Phänomen immer wieder fest: *Eigentlich* war man absolut fest entschlossen, dem anderen seine Grenzen aufzuzeigen, musste dann aber feststellen, dass handfeste Gründe dagegenstehen. Selbst Lottospielen, ein letzter Lösungsversuch für viele, soll nicht immer zum Gewinn führen.

Grenzen setzen hat eine ganz praktische Seite. Nur wer das akzeptiert, schafft es. »In alten Zeiten, wo das Wünschen noch geholfen hat«, heißt es verlockend am Anfang vieler Märchen. Ganz klar waren das Zeiten, in denen man nicht erst seinen Dispo zurückzahlen und sich zur Sicherheit nach einer neuen Wohnung oder Arbeitsstelle umsehen musste, ehe man für das Gute kämpfen konnte, nämlich für sein eigenes Glück.

Wer keinen Ausweg hat, muss sich alles bieten lassen

Sich von anderen abzugrenzen ist vor allem Einstellungssache, wie du in den vergangenen Kapiteln gesehen hast. Gleichzeitig müssen aber, wie sich in der Realität zeigt, auch ganz praktische Voraussetzungen erfüllt sein. Grenzen zu setzen muss man sich leisten können.

Persönliche Freiheit beginnt damit, dass man auch noch eine andere Option hat.

Wer zwingend auf einen bestimmten Job angewiesen ist, weil er sich weder woanders bewerben noch umziehen kann, muss alles hinnehmen, was der Chef sagt. Wer es sich nicht erlauben kann, eine problematische Beziehung im Ernstfall auch zu beenden, weil er nicht weiß, wo oder wovon er ohne sie leben würde, wird schwer für sich einstehen können. Wer keinesfalls allein sein will, wird alles akzeptieren, um das zu vermeiden.

»Wenn ich mich von meinem Mann trennen würde, müsste ich wieder arbeiten gehen, aus dem Haus raus und in eine kleine Mietwohnung ziehen«, sagte mir eine Freundin, die überlegte, ihren Mann zu verlassen, der sie mehrfach betrogen hatte. »Da frage ich mich schon, ob sich das wirklich lohnt.« Eine Bekannte wurde von ihrem langjährigen Arbeitgeber mehrfach quer durch Deutschland versetzt, um sie zu einem Aufhebungsvertrag zu drängen: »Aber so lange ich nichts anderes habe, kann ich nichts dagegen machen«, meinte sie. »Ich muss vorerst damit leben.« Vielleicht hast du selbst bei mancher Gelegenheit gedacht: »Ich würde gerne etwas sagen, aber ich kann nicht«, und geschwiegen, anstatt endlich für dich einzustehen.

Alternativen haben

Regelmäßig arbeite ich mit Klienten, die unbedingt ihren Job wechseln wollen, weil sie es »nicht mehr aushalten«, aber im ersten Gespräch sagen: »Weniger verdienen oder umziehen kann ich aber nicht, und eine neue Probezeit kann ich eigentlich auch nicht riskieren.« Hier liegt die Aufgabe eines Coaches darin, jeden Punkt durchzugehen: Was könntest du ändern, damit du überhaupt wieder etwas Spielraum hast? Denn Grenzen kann nur setzen, wer im Notfall auch tatsächlich sagen kann: »Bis hierher und nicht weiter, ich gehe.«

Die Risiken jeder Konfrontation abzuwägen ist sinnvoll und verständlich. Man hat schon beim RTL-Promiboxen gesehen, dass manche Leute nicht in den Ring gehören, wenn sie ihre Wettkampfform zuletzt in ihrer Ausbildungszeit hatten. Niemandem ist zu empfehlen, sich aus einer Laune heraus mit anderen anzulegen und ernste Konsequenzen zu riskieren, die das eigene Leben möglicherweise jahrelang belasten. Lass dich aber auch nicht von einer eventuellen aktuellen Formschwäche abhalten: Jeder kann stark genug werden, um anderen bei Bedarf Grenzen setzen zu können.

Niemandem ist zu empfehlen, aus einer Laune heraus ernsthafte Konsequenzen zu riskieren.

Nachfolgend findest du einige besonders häufige Gründe, die Menschen davon abhalten, für sich einzustehen. Mit ein wenig Voraussicht und Planung kannst du dich in diesen Bereichen schnell unabhängiger machen und damit leichter abgrenzen. Aber selbst im Notfall gibt es immer noch Möglichkeiten, dass du deine Interessen vertreten kannst.

Angst vor finanziellen Folgen kostet auch etwas
Dass Geld nicht glücklich macht, wird ja vor allem von Leuten behauptet, die genug davon haben. Alle anderen wissen: Es mag vielleicht nicht glücklich machen, löst aber zumindest eine Menge praktischer Probleme. Je unabhängiger oder zumindest flexibler du finanziell bist, desto eher kannst du für dich einstehen. Keiner muss dafür reich sein. Meistens genügt es bereits, im Notfall das Geld für eine Mietkaution oder einige Monate ohne Einkommen zur Verfügung zu haben.

So beugst du vor: Erhöhe möglichst deine Einnahmen, indem du beispielsweise eine Gehaltserhöhung ansprichst oder dir einen Nebenjob suchst. Senke deine Ausgaben, indem du auf unnötige Ausgaben (zum Beispiel teure Ausflüge, Kurzreisen, Snacks, Getränke unterwegs) verzichtest. Zahle Kredite möglichst schnell zurück, vor allem einen Dauer-Dispo.

Im Notfall: Wenn du dringend Geld brauchst, ergibt sich manchmal die Möglichkeit, mehr zu arbeiten, etwas zu verkaufen oder einen Kredit zur Überbrückung aufzunehmen. Vielfach sind auch Verwandte oder Freunde bereit zu helfen. Hier empfiehlt es sich, schriftlich zu vereinbaren, ob das Geld geschenkt wurde oder wann und wie es zurückzuzahlen ist.

Angst vor Organisatorischem ist verständlich, aber unnötig

Eine Klientin in einer ernsthaften finanziellen Krise gestand mir nach mehreren Coaching-Sitzungen, dass sie noch niemals selbst eine Online-Überweisung gemacht habe und gar nicht wisse, wie das überhaupt gehe. Während ihrer Ehe hatte das alles ihr Mann erledigt, seit der Scheidung hatte sie immer einen Bankmitarbeiter darum gebeten. Wer nicht weiß, wie sein eigenes Leben organisiert ist, macht sich äußerst abhängig: Jedes falsche Wort trägt dann das Risiko in sich, plötzlich ganz hilflos zu sein.

So beugst du vor: Mach dich mit den organisatorischen Seiten deines Lebens vertraut, wenn du sie bisher anderen überlassen hast. Schau deine Unterlagen durch und lass dir von einer fachkundigen Person erklären, was du nicht genau verstehst: Mietvertrag, Nebenkosten, Versicherungen, Konten, Geldanlagen, Steuerabrechnung. Lies gelegentlich etwas zu diesen Themen.

Im Notfall: Oft können Freunde oder Verwandte, die mit organisatorischen Dingen vertraut sind, schon viel tun. Bei spezielleren Problemen helfen, je nach Gebiet, Schuldnerberater, Anwälte und andere Fachleute. Viele Kommunen und gemeinnützige Organisationen bieten verschiedenste kostenlose Beratungen an, die du bei Bedarf ebenfalls nutzen kannst.

Angst vor dem Alleinsein verhindert, den Richtigen zu finden

In unserer Lokalzeitung suchte kürzlich eine Frau den »gut aussehenden Mann«, den sie einige Tage zuvor im Linienbus gesehen hatte. Die Chemie habe »auf Anhieb« gestimmt, das habe sie gleich gespürt. Allerdings stieg der Unbekannte wortlos aus und ging seiner Wege, während sie in der Zeitung öffentlich auch in seinem Namen erklärte: »Wir hatten beide nicht den Mut, uns anzusprechen.« Man kann schon viel für eine Beziehung tun, aber man sollte nie von einer abhängig sein.

So beugst du vor: Kümmere dich darum, Freunde zu finden beziehungsweise mit ihnen in Kontakt zu bleiben, auch wenn du meinst, »nicht der Typ dafür« oder »zu introvertiert« zu sein. In jüngeren Jahren genügt es oft schon, regelmäßig auszugehen. Später sind Sport, Hobbys oder gesellschaftliches Engagement gute Gelegenheiten. Halte auch den Kontakt zur Familie.

Im Notfall: Nicht selten stellen sich Arbeitskollegen oder lockere Bekannte als überraschend hilfsbereite Unterstützer heraus, während enge Freunde im Notfall manchmal enttäuschen. Daneben gibt es eine Vielzahl von lokalen Organisationen und ehrenamtlichen Helfern im Bereich der Beratung, Sozialarbeit und Seelsorge, an die du dich ebenfalls wenden kannst.

Angst vor der Meinung anderer brauchst du nicht zu haben

Wenn man aus Social Media etwas fürs Leben lernen kann, dann vielleicht, dass 90 Prozent aller »Feedbacks« wertlos oder sogar schädlich sind – Kommentare und Meinungen, die viel über die Sehnsüchte, Projektionen und oft Frustrationen der anderen Person verraten, aber wenig mit einem selbst zu tun haben. Heißt hier wie da: Sortieren können ist lebenswichtig, wenn es um Meinungen geht. Alles wahrnehmen, aber nur wenig und von ausgesuchten Vertrauenspersonen ernst nehmen.

So beugst du vor: Ein bunt gestreuter Freundeskreis sorgt dafür, dass du zu jedem Thema verschiedene Meinungen hörst und damit immer klar ist, dass es kein »richtig« und »falsch« gibt, sondern viele Optionen. Mit wachsender Lebenserfahrung wirst du auch zunehmend selbst wissen, was für dich funktioniert – unabhängig davon, was die anderen meinen.

Im Notfall: Stell dir Meinungen lieber als verschiedene Möglichkeiten vor, wie du dich entscheiden könntest, und vergleiche die Vor- und Nachteile für dich. Wenn jemand dir mitteilt, was er denkt, bedenke immer, inwieweit dir die Person bisher geholfen hat oder dir aktuell hilft. Wer immer nur redet, dessen Meinung braucht dich nicht zu interessieren.

Sei bereit, den Preis zu bezahlen, dann wird er nie zu hoch

Jede Grenze kostet dich etwas, bereite dich also ganz praktisch darauf vor, soweit du kannst. Manchmal ist es nur eine kleine Unbequemlichkeit, etwa ein kurzzeitig verstimmter Gesprächspartner, manchmal hat sie aber auch längerfristige berufliche oder persönliche Konsequenzen. Ich hatte einen Vorgesetzten, der fast ein Jahr nicht mehr mit mir sprach, weil ich einem seiner Pläne, der mich betraf, nicht zugestimmt hatte. Ich konnte das nur tun, weil ich mich sicher genug fühlte, im Notfall auch einen anderen Job zu finden. Später wurden wir sogar gute Freunde, dann aber auf Augenhöhe, und alles war vergessen.

> ### Verliere dich nicht in Ängsten
>
> Achte in Situationen mit einem gewissen Risiko darauf, dich nicht in diffusen Ängsten zu verlieren, »wer weiß, was da alles passieren kann«, »das wächst mir am Ende noch alles über den Kopf« und ähnliche Befürchtungen. Das würde dich nur noch mehr stressen und verunsichern. Durchdenke besser den Ernstfall: was schlimmstenfalls wirklich passieren könnte, inwieweit du das allein durchstehen könntest, wo du welche Hilfe bräuchtest. Danach mach dich an die Arbeit: Welche Anrufe sind zu erledigen, welche Gespräche zu führen, welche Briefe zu schreiben?

Sich von anderen abzugrenzen kann, mit allen Konsequenzen, manchmal mühselig, unangenehm und belastend sein. Es bedarf mehr, als sich nur selbstbewusst hinzustellen und zu sagen: »Aber nicht mit mir!« Gleichzeitig gibt dir deine Vorbereitung sehr viel innere Freiheit: Du kannst viel hinnehmen, musst aber nicht. Und den Unterschied bestimmst du selbst.

Nichts von Bedeutung ist einfach
Bei einigen Empfehlungen hast du möglicherweise gedacht: »So einfach ist das aber nicht!« Das stimmt. Leider ist nichts

von Bedeutung einfach, wie schon der Alltag zeigt. Wer einmal bei »Subway« ein Sandwich bestellt hat, kann beobachten, wie manche selbst da unendlich mit sich ringen: Vollkornbrot oder Honey Oat, kurz oder lang, welche der vier Käse- und 13 Gemüsesorten zum Belag…? Mancher hat sich sicher spontaner zu seiner Hochzeit entschlossen als dort am Bestelltresen. Dass etwas nicht einfach ist, darf dich niemals daran hindern, es nicht kraftvoll zu versuchen. »Ich würde gern, aber ich kann nicht«, ist ein ähnlicher Satz, den man gar nicht erst aussprechen muss. Tatsächlich stellt man fest, dass man spätestens kann, wenn man muss.

Wer schon etwas erlebt hat, weiß bereits, was er schaffen kann

Vor einiger Zeit habe ich einmal eine junge Unternehmerin gecoacht, der es nach einem Umzug quer durchs Land um einen beruflichen Neustart ging. Wir sprachen über recht unspektakuläre Dinge wie einen Businessplan, vertretbare Mietkosten für ein Büro und ein Konzept für die Internetseite. Erst am Ende unserer Sitzungen – die meisten Klienten buchen sechs bis acht Termine – erzählte sie, warum sie überhaupt umgezogen war und wieso so weit weg vom bisherigen Wohnort. Ihr erster Mann war drogenabhängig gewesen und hatte sie und ihre Tochter zuletzt mit einer Waffe bedroht. Beide waren schließlich in einer Nacht mit dem geflohen, was sie auf die Schnelle zusammenpacken konnten. Sie versteckten sich einige Wochen, bis sie einen Ort für einen Neuanfang gefunden hatten – möglichst weit weg, um ihm nicht mehr zu begegnen. Eine kleine, fröhliche und lebenslustige Frau erzählte das so nebenbei. Es war der Preis, den sie bereit war dafür zu zahlen, sich

Mancher Neuanfang beginnt schmucklos in einem einfachen möblierten Zimmer.

abzugrenzen, und er hat sich voll gelohnt. Nur auf diese Weise konnte sie sich ein glücklicheres Leben aufbauen und eine neue Familie gründen.

Ein Freund aus dem Finanzbereich verließ seinen Arbeitgeber und die Branche, weil er sie persönlich für nicht mehr vertretbar hielt und er sich etwas anderes darunter vorgestellt hatte. Er zog in ein kleines Zimmerchen, da er sich anfangs nichts anderes leisten konnte. Als ich ihn dort besuchte, hatte er ein Bett, der Wäscheständer stand daneben, einen Tisch und einen Stuhl. Später machte er eine Ausbildung und arbeitet heute im pädagogischen Bereich, zufrieden mit seiner Entscheidung.

Viele Coachings habe ich via Skype oder Telefon mit Männern und Frauen geführt, die aus dem Gästezimmer eines Arbeitskollegen oder aus einem Wohnheim heraus dabei waren, sich ihr Leben neu aufzubauen. Fast immer ging es dabei um gesetzte Grenzen und den Preis dafür, der hoch sein kann, sich langfristig aber doch fast immer lohnt.

Meine Mutter, die sehr jung geheiratet hatte, trennte sich nach einer problematischen Ehe, in der ihr unter anderem die Nase gebrochen worden war, von meinem Vater. Sie war allein mit zwei Kindern, ohne Geld und verschuldete sich noch, um seinen Anteil an den gekauften

Ein neues Leben kostet manchmal viel. Aber dein Glück ist diesen Preis langfristig immer wert.

Möbeln auszuzahlen, damit er auszog. Bei meiner Schwester, damals vier Jahre alt, wurde zeitgleich Gelenkrheuma diagnostiziert, das über viele Jahre ständige Klinikbehandlungen erforderte, sodass meine Mutter nicht mehr regulär arbeiten konnte. Bei der Behörde riet man ihr, dann eben Sozialhilfe zu beantragen. Stattdessen gelang es ihr, sich eine Heimarbeit zu suchen. Inhaltlich und finanziell eine Verschlechterung, aber der Beginn eines Neuanfangs. Gerade hat sie übrigens, 65 Jahre alt, zwei Unternehmen gegründet.

Gleich zweimal überrascht

Die meisten Menschen, die sich unter ziemlich dramatischen Umständen abgegrenzt haben, wurden gleich zweimal überrascht. Zuerst, dass ausgerechnet ihnen so etwas passieren musste. Und dann, dass sie es tatsächlich geschafft haben. Möglich ist fast immer mehr, als man selbst von sich geglaubt hätte. Jeder wächst irgendwann über sich hinaus. Lass dich von solchen Beispielen, die sich im Verwandten- und Freundeskreis, aber auch bei Prominenten finden, ermutigen: Du kannst das auch.

Urteile nicht zu hart über dich, wenn du noch Zeit brauchst

Wenn du derzeit noch das Gefühl hast, dass du es »einfach nicht schaffen« kannst, urteile nicht zu hart über dich selbst. Belaste dich nicht ewig mit den Grübeleien über die »Schuld« bei dir und anderen. Sicher ist es hilfreich, einmal die Fakten zu überdenken: Hast du etwas übersehen oder ignoriert, das du hättest sehen müssen? In den meisten Fällen lautet die Antwort: Du hast damals nach deinen besten Möglichkeiten gehandelt.

Kleine Erfolge sind kein Versagen. Sie sind die Bausteine für deine ganz großen Erfolge.

Erkenne stattdessen deine Erfolge an, auch wenn sie noch klein sind. Du hast nicht »alles falsch gemacht« oder »versagt«, auch wenn du dich vielleicht gerade so fühlst. Allein deine Reflektionen zeigen bereits, dass du etwas dazugelernt hast und klüger geworden bist.

Wichtig aber vor allem ist auch hier, dass du aktiv bleibst. In schwierigen Zeiten, wenn dich etwa jemand unter Druck setzt oder dir Angst macht, ist die Versuchung groß, sich ganz zurückzuziehen. Du brauchst Zeit zum Nachdenken und dafür, das emotional zu bewältigen. Oft hilft schon ein Spaziergang, ein Kaffee mit Freunden, bei dem man einmal nicht an seine Sorgen denkt, oder der Besuch einer Ausstellung, auf die du dich freust, um neue Kraft zu sammeln und die Gedanken zu ordnen. Du solltest dir aber immer auch überlegen, was du tun könntest, um in kleinen Schritten deine Lage zu verbessern. Probleme lösen ist eine aktive Angelegenheit. Erledige etwas, wenn immer deine Energie dazu reicht. Jede Kleinigkeit bringt dich voran.

Klarheit über den Freundeskreis
Übrigens kannst du in dieser Phase auch gleich diejenigen Menschen erkennen und aus deiner persönlichen Freundesliste aussortieren, die im Notfall gar nichts für dich tun und dich dazu noch auf eine Weise abwimmeln, über die sie selbst ganz gerührt sind. So wie der Fernseh-Bachelor seine Kandidatinnen mit gespieltem Bedauern abserviert, »Ich habe heute leider keine Rose für dich«, hört man von diesen Leuten auf Nachfrage ein sentimentales: »Oh, das tut mir aber leid! Ich sende dir ganz viel positive Energie, damit du jetzt stark bist«, »Ganz viel Liebe, drücke dich« oder gar »Ich bete für dich«. Soll doch der Herrgott einspringen, aber ich jedenfalls nicht. Auf Facebook gibt's vielleicht noch ein animiertes Herzchen dazu. Man muss über diese Menschen nicht allzu enttäuscht sein, braucht sie aber auch nicht mehr unbedingt zur nächsten Geburtstagsfeier einladen.

Eigene Verantwortung
Du kannst die Verantwortung für dein Leben nicht wegdelegieren, sie liegt bei dir. Aber du kannst – so, wie du anderen bei Bedarf hilfst – darauf hoffen und vertrauen, dass andere dir helfen werden. Oft sind es gerade diejenigen, die selbst schon etwas durchgestanden haben und wis-

Niemand ist allein, auch wenn es am Anfang manchmal so scheint.

sen, dass bereits eine kleine Unterstützung sehr viel hilft, weil sie ermutigt, neue Hoffnung und damit Stärke gibt.

Erlaube dir also immer ein wenig Optimismus und Hoffnung: Du bist nie allein, auch wenn es manchmal so scheint. Egal, wie die Lage gerade ist, kann sie in naher Zukunft schon wieder ganz anders aussehen, und die Person, die du heute verfluchst, wird ein wichtiger Baustein davon sein. Ich schätze beispielsweise, dass 99 Prozent aller Unternehmensgründungen damit begannen, dass jemand nicht mehr hinnehmen wollte, was sein Chef ihm jahrelang zugemutet hat.

Der erste Schritt in die Freiheit

Der berühmte Ausruf »Lieber ein Ende mit Schrecken als ein Schrecken ohne Ende«, stammt von dem preußischen Major Ferdinand von Schill, der damit eine Revolte gegen den Diktator Napoleon auslösen wollte. Diese Forderung fasst in einem Satz zusammen, warum es sich trotz widriger Umstände und einer Menge praktischer Probleme lohnt, anderen ihre Grenzen aufzuzeigen: weil es der erste Schritt in ein besseres, freieres Leben ist. Sei also bereit dazu, den Preis für deine Freiheit zu bezahlen.

Check: Wie gut grenzt du dich schon ab?

Du musst nicht nur auf dein Gefühl vertrauen.
Mit einer einfachen Methode kannst du selbst sofort einschätzen,
wie gut du dich bereits von anderen abgrenzen kannst
und was dir hilft, diese Fähigkeit zu verstärken.

»Ich bin mit der Gesamtsituation unzufrieden« ist einer dieser wunderbaren Sprüche, bei denen man sich fragt, warum sich so viele Philosophen scheinbar entschieden haben, nach ihrem Studium in die T-Shirt-Branche zu wechseln. Unzufriedenheit ist der Hauptgrund, warum wir uns überhaupt abgrenzen wollen: wenn der Chef nervt, der Partner quengelt oder die Kinder wieder nicht einsehen wollen, dass man nicht acht Stunden auf dem Rummelplatz verbringen oder sämtlichen Süßkram von der Supermarktkasse mitnehmen kann.

Wo stehst du mit deiner Fähigkeit, dich abzugrenzen? Das

Du solltest immer auf dein Gefühl achten. Aber du solltest dich nie nur darauf verlassen.

lässt sich mit »schon ganz gut«, »manchmal fällt es mir noch schwer« oder ähnlichen Worten beschreiben. In diesem Kapitel findest du eine systematische Methode, die ich in meinen Coachings nutze: eine Einteilung in Stufen von 1 (»kann mich gar nicht abgrenzen«) bis 7 (»kann mich vollständig abgrenzen«). Sie zeigt dir, wo du gerade stehst und was du tun kannst, um deine Fähigkeit gezielt einzusetzen und zu verstärken.

Entscheide anhand der Beschreibungen, wo du dich aktuell einordnen würdest. Es handelt sich dabei immer um eine Momentaufnahme. Jeder ist mal in einer Krise (Stufe 1), mal komplett distanziert (Stufe 7), meist aber – je nach Tagesform – irgendwo im Mittelfeld. Je mehr dir die verschiedenen Arten, dich von anderen abzugrenzen, vertraut sind, umso mehr Möglichkeiten hast du, sie ganz nach Bedarf für dich zu nutzen.

Stufe 1: Abgrenzen durch Passivität braucht die wenigste Energie

Die erste Stufe ist, sich innerlich abzugrenzen: die anderen machen lassen, es aushalten (»Ich kann ja sowieso nichts ändern«), sich höchstens zu beklagen, ohne aber viel dagegen zu tun, und auf bessere Zeiten zu hoffen (»Irgendwann muss das doch mal wieder besser werden...«). Das ist typisch für diejenigen, die erschöpft sind, nicht daran glauben, dass sie etwas verändern könnten, und sich am liebsten nur ins Bett verkriechen würden.

Beispielhafte Lebenssituationen sehen so aus:
- Der Projektleiter, der sich seit Jahren überlastet und unterschätzt fühlt, sich darüber auch jeden Tag bei seinen Kollegen beschwert, aber außer einer halbherzigen Bewerbung nichts dagegen unternommen hat. »Am liebsten würde ich meine eigene Firma gründen. Aber wie soll das gehen ohne Geld?« Zu Hause stapelt sich derweil Unerledigtes, beispielsweise die Steuerunterlagen.
- Die Chefredakteurin, die mit annähernd dem gleichen Team inzwischen drei Magazine macht, seit Jahren schlecht schläft und keine Kraft mehr für Sport, Hobbys und ihre Ehe hat. Sie will raus, weiß aber nicht, wie und wohin. »Ich kann die Arbeit nicht mehr wechseln. Ich muss Ihnen ja nicht erzählen, wie es derzeit überall in den Verlagen aussieht.« Privat schmerzt sie heute, dass sie keine Kinder hat.
- Der Produktmanager, in dessen Posteingang sich inzwischen mehrere hundert ungelesene E-Mails befinden. Er leidet unter den ständig neuen Ideen seiner Geschäftsführung und hofft nur noch, die nächste Sitzung zu überstehen.

»Ich hasse meinen Chef, aber so einen Vertrag bekomme ich nie wieder. Sie wissen ja, wie alt ich bin.« Er schläft schlecht, hat Augenringe und wirkt erschöpft.

Typische Erkennungszeichen:
- Du hast das Gefühl, den anderen ganz ausgeliefert zu sein und von ihnen ausgenutzt zu werden, ohne dass du selbst viel dagegen tun könntest.
- Du ertappst dich dabei, dass du dich viel über deine Lage beklagst, weil dir Zuspruch oder sogar Mitleid wenigstens etwas Kraft geben.
- Selbst einfache Aufgaben erschöpfen dich und bleiben deshalb oft unerledigt, obwohl sie ein Ausweg wären (zum Beispiel Bewerbungen für einen neuen Job schreiben).
- Dein körperliches und seelisches Wohlbefinden leidet. Du schläfst eventuell schlecht oder hast selbst für Sport oder Hobbys keine Kraft mehr.

Effekt auf dich: Erschöpfend.
Wirkung: Sehr gering.
Was anderen Macht über dich gibt: Dass du glaubst, keine Alternative zu haben.
Das hilft dir sofort: Sage möglichst viele Termine und Verpflichtungen ab oder verschiebe sie und erhole dich durch Schlaf und Ausruhen. Schreibe dir jeden Abend drei Dinge auf, für die du dankbar bist, scheinen sie auch noch so unbedeutend oder alltäglich (zum Beispiel ein gutes Essen oder ein anregendes Gespräch mit Freunden). Das gibt dir neue Energie, weil es dich daran erinnert, dass dein Leben trotz der aktuellen Schwierigkeiten immer noch viele schöne Seiten hat.
Das bringt dich weiter: Jammern und Selbstmitleid halten dich auf dieser Stufe fest. Verwende daher möglichst wenig Zeit dafür, dich über andere oder deine Umstände zu beklagen. Nutze sie stattdessen dafür, Ideen zu sammeln, wie du dich aus der

Lage befreien könntest, ohne sie sofort als unmöglich oder zu schwierig zu verwerfen (»Brainstorming«), und probiere sie aus. Jeder praktische kleine Schritt befreit dich sofort ein wenig und gibt dir gleichzeitig wieder mehr Hoffnung.

Stufe 2: Abgrenzen durch Streit funktioniert, strengt aber an
Die zweite Stufe ist, sich durch Streit – Vorwürfe, Kritik, Rechtfertigungen – abzugrenzen. Das ist schon deutlich kraftvoller und setzt voraus, dass du die dafür notwendige Willens- und Entschlusskraft hast. Diese Methode ist erfolgreich, hat aber langfristig einen ziemlich hohen Preis: Du bist immer wieder in anstrengende Konflikte verwickelt, die deinen Beziehungen schaden, weil du beispielsweise unbedingt Recht behalten oder etwas mit Druck durchsetzen willst.

Beispielhafte Lebenssituationen sehen so aus:
- Die Filialleiterin, die als energisch und effektiv gilt, gleichzeitig aber ständig Probleme mit dem Betriebsrat hat. Ihr Auftreten wird als aggressiv wahrgenommen. »Ständig werde ich von allen kritisiert«, meint sie. »Wenn ich nicht dagegenhalten würde, würden mich die anderen ganz fertigmachen.« Arbeitsaufträge kann sie oft nur per Befehl durchsetzen: »Ich will das so, Diskussion beendet!«
- Der Vertriebsmitarbeiter, der seit vielen Jahren eine innere Wut spürt, aber kaum eingrenzen kann, worauf sie sich bezieht: die Geringschätzung seiner Arbeit, die Ignoranz der Zentrale, seine Schwäche, doch zu bleiben? »Mein Chef ist völlig überfordert, und dann liegt es jedes Mal an mir, unsere Monatszahlen zu retten!« Zynismus ist ein Ventil, aber er spürt, wie ihn das innerlich belastet.
- Die Projektmanagerin, die jeden Abend mit dem niederdrückenden Gefühl aus der Firma geht, sich von morgens bis abends gestritten zu haben. »Ich könnte mich schon aufregen, wenn man mich als Frau so komisch ansieht.

Ich merke genau, was die anderen denken.« Sie hatte sich ihren Job anders vorgestellt, als pausenlos gegen Widerstände kämpfen zu müssen.

Typische Erkennungszeichen:
- Du hast das Gefühl, von wenigen Unterstützern und vielen Gegnern umgeben zu sein und immer für dich kämpfen zu müssen, weil es sonst keiner tut.
- Du bist immer wieder in Streitereien verwickelt, fühlst dich angegriffen, greifst aber auch andere an (»Denkt denn hier keiner mit?«), weil sie dich wütend machen.
- Selbst anspruchsvollste Aufgaben erledigst du kraftvoll und gegen alle Widerstände. Allerdings leiden deine sozialen Beziehungen, was dir langfristig schadet.
- Die ständigen Spannungen und Kämpfe stressen dich. Abends kommst du oft nur schwer runter, zum Beispiel mit endlosem TV, Internet oder zu viel Alkohol.

Effekt auf dich: Anstrengend.
Wirkung: Gering bis mittel.
Was anderen Macht über dich gibt: Dass du glaubst, immer kämpfen zu müssen.
Das hilft dir sofort: Gönne dir mehr Abstand! Regelmäßig ein paar freie Tage, weniger Überstunden, mehr Zeit für Sport, Freunde und Hobbys – all das senkt deine Anspannung. Mancher Konflikt wird dadurch von selbst weniger bedeutsam. Nicht alles muss ausgetragen und geklärt werden. Das schadet deinem Erfolg überhaupt nicht, auch wenn du vielleicht diese Befürchtung hast. Im Gegenteil: Es schont deine Nerven und macht dir mehr Freunde, verbessert also deine Lebensqualität.
Das bringt dich weiter: Lerne, weniger zu urteilen. Achte darauf, wann du im Kopf eine Meinung formulierst, und sprich sie nicht aus. Stelle stattdessen eine offene, interessierte Frage, um mehr zu erfahren. Im Laufe der Zeit wirst du weniger schwarz-

weiß, also in Gegensätzen denken, sondern mehr Zwischentöne wahrnehmen und feststellen, wie viel dich mit anderen verbindet. Du vergeudest keine Energie mehr für sinnlose Konflikte.

Stufe 3: Abgrenzen durch Ausweichen wird langfristig teuer
Auf dieser Stufe kannst du dich durch Ausweichen abgrenzen: Du kennst und nutzt Wege, um dir Abstand zu verschaffen, meist durch Sport (»Beim Laufen kriege ich den Kopf frei.«), Reisen, Wellness und Genuss (»Nach diesem Meeting brauche ich erst mal einen Kaffee!«) oder Meditation. Das funktioniert und zeigt bereits eine hohe Eigenverantwortung, löst aber das grundlegende Problem nicht, sondern verschleppt es manchmal über viele Jahre. Man weiß, was man ändern sollte, tut es aber nicht.

Beispielhafte Lebenssituationen sehen so aus:
- Die Reporterin, der klar geworden ist, dass sie all den Stress in der Redaktion auch wieder loswerden muss. Sie hat begonnen, sich mit Philosophie und Spiritualität zu beschäftigen, teilweise scheint es zu helfen. »In der Redaktion ist es schon immer ein ziemlicher Stress«, sagt sie. »Aber wenn ich abends laufen gehe, bekomme ich den Kopf wieder frei.«
- Der Producer, dem der tägliche Wahnsinn im Sender nichts anzuhaben scheint. »Eigentlich hätte ich den Job längst hingeschmissen. Aber das Gehalt ist schon gut, da mache ich erstmal lieber weiter.« Zum Ausgleich gönnt er sich regelmäßige Kurzreisen, am liebsten mit einem Spa-Tag. Allerdings wird das auf Dauer ziemlich teuer.
- Die Sachbearbeiterin in der Rechtsabteilung, die jahrelang von ihrem Mann betrogen wurde. Inzwischen lebt sie allein mit ihrer achtjährigen Tochter und versucht, ihrem Ex zu vergeben, um innerlich wieder frei zu sein. »Ich beschäftige mich seit Kurzem mit Meditation. Mal sehen, was das bringt, schaden kann es jedenfalls nicht.«

Typische Erkennungszeichen:
- Du hast dich mit deinen Mitmenschen arrangiert und weißt, was dir hilft, wenn es dir zu viel wird. Für deine Gedanken und Gefühle siehst du dich selbst verantwortlich.
- Du vermeidest aber grundsätzliche Gespräche und Konfrontationen und ziehst die Alltagsflucht vor, um zumindest zeitweise der Negativität zu entkommen.
- Deine alltäglichen Aufgaben erledigst du gut. Allerdings fehlt dir oft die Kraft, größere Projekte anzupacken, die deine Lage entscheidend verbessern würden.
- Dein Wohlbefinden schwankt ziemlich. Wenn du etwas für dich tust (zum Beispiel Urlaub), geht es dir gut, zurück im Alltag ist der Effekt bald wieder verschwunden.

Effekt auf dich: Wechselhaft.
Wirkung: Mittel.
Was anderen Macht über dich gibt: Deine mangelnde Entschlossenheit.
Das hilft dir sofort: Notiere dir, welche kleinen Alltagsfluchten für dich inzwischen zur Gewohnheit geworden sind und was dich das über die Zeit kostet, beispielsweise der tägliche Kaffee von Starbucks, Wellness-Wochenenden oder Kurzreisen nach stressigen Arbeitswochen. Selbst kleine Beträge addieren sich über das Jahr. Das zeigt dir den Preis deiner aktuellen Strategie auf und kann dich motivieren, bessere Alternativen zu finden.
Das bringt dich weiter: Verschiebe möglichst viele Ressourcen – Zeit, Aufmerksamkeit und Geld – von deinen Alltagsfluchten zu etwas, das dein Problem grundsätzlich löst. Beispiel: Statt dem nächsten Urlaub eine Weiterbildung buchen, damit du dich bald nicht mehr über deinen frustrierenden Job ärgern musst, wegen dem du ständig Extraurlaub brauchst. Lass dich dabei nicht entmutigen, wenn diese Umstellung etwas dauert. Sei geduldig mit dir, du bist auf dem Weg.

Stufe 4: Abgrenzen durch Hilfe für andere lenkt gut ab
Die nächste Stufe, dich von schwierigen Menschen abzugrenzen, ist, deinen Fokus auf andere zu verschieben, die angenehmer sind: jemand, um den du dich kümmern, den du versorgen, gernhaben oder sogar lieben kannst. Du erhältst von ihnen so viel zurück, dass die Probleme mit anderen gar nicht mehr so bedeutsam erscheinen (»Ohne mein Kind hätte mich der Job schon verrückt gemacht.«). Das ist sehr sinnstiftend und bereichernd. Risiko hier: dass du dich dabei selbst vergisst.

Beispielhafte Lebenssituationen sehen so aus:
- Die alleinerziehende Agenturleiterin, die alles dafür tut, dass sie trotz ständiger Überstunden für ihre Tochter da ist. »Normalerweise hätte ich den Job längst hingeschmissen. Aber für meine Kleine mache ich das, sie ist das Wichtigste.« An freien Tagen unternimmt sie mit ihr Ausflüge, achtet auf gesunde Ernährung und gute Schulnoten, sie ist ihr ganzer Stolz. Zeit für einen Partner oder Hobbys fehlt.
- Der Ingenieur, der sich zuverlässig vor sein Team stellt und die Verantwortung übernimmt, wenn etwas schiefgegangen ist, wenn beispielsweise ein neues Produkt technische Mängel aufweist. »Ich will, dass sich meine Kollegen wirklich wohlfühlen. Wenn sie jemand angreift, stelle ich mich auf jeden Fall vor sie!« Es ist ihm wichtig, dass sie sich beachtet und geschätzt fühlen, auch wenn das einige manchmal vielleicht ausnutzen.
- Der Mitarbeiter im Anzeigenverkauf, der peinlich genau darauf achtet, dass seine Kunden wirklich zufrieden sind und sie nur Schaltungen erhalten, die ihnen langfristig auch wirklich nützen. »Meine Frau hat gerade kein Einkommen, weil sie sich beruflich umorientiert. Da verdiene ich eben das Geld für uns beide.« Manchmal belastet ihn der Spagat mit den eigenen Umsatzvorgaben, aber er bleibt bei seiner Überzeugung.

Typische Erkennungszeichen:
- Du hast das Gefühl, durch deine Aktivitäten die Welt oder zumindest das Leben der Menschen um dich herum tatsächlich verbessern zu können.
- Du jammerst nicht, sondern kümmerst dich aktiv und gern um andere, sei es im beruflichen, persönlichen oder sozialen Bereich (Ehrenamt, Verein, Kirche).
- Du fühlst dich bestätigt und stolz, etwas Sinnvolles für andere zu leisten. Oft loben dich auch andere dafür, gleichzeitig lernst du dabei viel über dich selbst.
- Dein Wohlbefinden hängt sehr davon ab, mit wem du es zu tun hast und wie lange. Manchmal gibst du zu viel und erschöpfst dich damit.

Effekt auf dich: Sinnstiftend.
Wirkung: Mittel bis hoch.
Was anderen Macht über dich gibt: Dass du glaubst, es ginge nicht ohne dich.
Das hilft dir sofort: Plane regelmäßig eine feste Zeit (zum Beispiel abends eine Stunde) ein, die nur dir gehört – ohne Partner oder Kinder, auch die Hausarbeit darf liegen bleiben. Nutze diese Zeit für etwas, das dir Freude macht, etwa Musik hören, lesen oder einfach nur träumen. Das hilft dir, dich immer wieder zu erholen, deine eigenen Bedürfnisse zu befriedigen und auch von den Menschen, die dir wohlgesinnt sind, Respekt dafür einzufordern.
Das bringt dich weiter: Begrenze deine Hilfe und gib die Verantwortung irgendwann wieder zurück beziehungsweise weiter. Bei eigenen Kindern dauert das länger, ist aber ein natürlicher Prozess. Aber auch bei freiwilligen Ehrenämtern im Verein oder in der Gemeinde ist es keine Schande, sie nach einer festen Zeit (zum Beispiel nach einem Jahr) niederzulegen. Lass dich nicht in die Rolle drängen, selbst erst einen Ersatz organisieren zu müssen, das ist nicht deine Aufgabe.

Stufe 5: Abgrenzen durch Pragmatismus löst Probleme
Diese Stufe ist möglich, wenn es dir gelingt, die Dinge – das Verhalten anderer und auch deine aktuellen Umstände – nicht persönlich zu nehmen, sondern sie offen und ganz pragmatisch zu sehen. Du suchst dir aus, was gut für dich ist, und schenkst allem anderen keine große Beachtung. Selbst problematische Menschen haben dann ihre Vorteile für dich (»Ich lerne in jedem Fall noch etwas dazu.«), jede Herausforderung ist tatsächlich eine Chance (»Da können wir uns beweisen.«).

Beispielhafte Lebenssituationen sehen so aus:
- Der Produktionsleiter, der auch bei einer Panne kein böses Wort verliert, sondern mithilft, den Schaden abzuwenden und danach gemeinsam zu analysieren. Ihm ist wichtig, dass sein Team daraus lernt – nicht, wer etwas falsch gemacht hat. »Ich finde es wichtig, dass bei uns jeder offen seine Meinung sagen kann. Damit lerne ich auch viel über meine Kollegen und kann noch besser werden.«
- Der Redaktionsleiter, der seine Volontäre und freien Mitarbeiter mit exakt dem selben Respekt und Interesse behandelt wie seine langjährigen Kollegen oder sogar seinen eigenen Vorgesetzten. »Unser Praktikant ist für mich genauso wertvoll wie unser Ressortleiter. Eine gute Idee kennt keinen Absender.« Der beste Artikel und die kreative Idee zählen, egal, von wem sie kommen.
- Die Restaurantmanagerin, die ihr Team grundsätzlich über alles informiert und ein internes Wiki eingerichtet hat, damit jeder auf dem gleichen Stand ist wie sie. Sie delegiert Aufgaben und Entscheidungsmacht und feiert jeden Erfolg mit ihrer »Mannschaft«. »Wenn das irgendwann einmal zu Ende ist, habe ich damit auch kein Problem. Das gehört zum Berufsleben, ich wäre gespannt, wie es weitergeht.«

Typische Erkennungszeichen:
- Du siehst in allem die Vorteile, ohne dass dir die Nachteile entgehen, und kannst so deine Mitmenschen und die Umstände recht objektiv beurteilen.
- Du sprichst offen und ehrlich interessiert mit jedem und gibst deinen Mitmenschen damit auch bei einem kurzen Kontakt das Gefühl, geschätzt zu werden.
- Auch anspruchsvollste Aufgaben erledigst du mühelos, weil du allgemein geachtet und respektiert wirst und deshalb immer viele Unterstützer hast.
- Dein Wohlbefinden ist gut. Da du recht spielerisch an alles herangehst und auf dich achtest, stresst dich auch eine hohe Belastung nicht übermäßig.

Effekt auf dich: Motivierend.
Wirkung: Hoch bis sehr hoch.
Was anderen Macht über dich gibt: Der Appell an deine Führungsqualitäten.
Das hilft dir sofort: Achte darauf, berufliche und auch persönliche Aufgaben zu delegieren. Wenn du zum Beispiel in deiner Beziehung bisher die finanziellen oder organisatorischen Dinge für alle geregelt hast, beziehe Partner und Kinder ein, erkläre und übergib Verantwortung. Das ist weniger als Erleichterung für dich gedacht, sondern gibt den anderen um dich herum die Chance, sich mit dir zu entwickeln. Mittelfristig entlastest du dich damit und multiplizierst deine Kräfte.
Das bringt dich weiter: Nimm dir gelegentlich Zeit, dich in die Perspektive von Menschen hineinzudenken, die weniger kraftvoll und aktiv als du auftreten. Nicht, um sie zu verändern (das ist deren Aufgabe), sondern um derartige Aspekte in dir selbst kennenzulernen und ihren Wert für bestimmte Lebensphasen zu sehen. Insbesondere die Fähigkeit, auch einmal etwas geschehen zu lassen – Stufe 1 – schützt dich vor Überlastung, gar einem seelischen oder körperlichen Burn-out.

Stufe 6: Abgrenzen durch Verständnis löst viele Konflikte auf

In dieser Stufe kannst du dich von anderen abgrenzen, indem du sie – mit ihren Stärken und Schwächen – mit Verständnis siehst. Dir ist klar, dass jeder einmal seine Probleme hat und Hilfe braucht, umgekehrt aber auch viel geben kann (»Wir haben alle Licht und Schatten in uns.«, »Das kann jedem einmal so gehen.«). Dieser ganzheitliche Blick erlaubt dir, intuitiv und individuell Grenzen zu setzen, ohne dass dich das viel Anstrengung kosten würde. Du entscheidest mit Mitgefühl und Intuition.

Beispielhafte Lebenssituationen sehen so aus:
- Der Start-up-Gründer, der sich nicht nur an seiner Marktforschung orientiert, weil ihn seine Intuition größere Chancen erkennen lässt, die weit über das so Erkennbare hinausreichen. Er vertraut seinem Instinkt, weil er weiß, dass er ihn weiter als alles andere führen wird. »Privat geben wir relativ viel Geld für Bio-Essen aus. Wir finden es wichtig, selbst einen Beitrag dazu zu leisten, dass sich unser Wirtschaftssystem verändert.«
- Die Coiffeurin, die jedem Kunden und auch jedem privaten Freund mit dem gleichen Respekt, Interesse und Neugier begegnet – weil sie sich in allen wiedererkennen kann und verstanden hat, dass wir auf einer bestimmten Ebene mit allen Menschen verbunden sind. »Kürzlich habe ich mich mit einer alten Frau angefreundet, die ich immer auf der Straße treffe. Wir können von anderen Generationen viel lernen, da bin ich sicher.«
- Die Personalsachbearbeiterin, die gelassen zur Kenntnis nimmt, dass das Projekt, das ihr wichtig war, eingestellt worden ist. Sie hat das Vertrauen, dass sie etwas Besseres schaffen wird und dass dieses Erlebnis ihr dafür als wertvolle Hilfe dienen wird. Sie überlegt einen sozialen Einsatz in Afrika. »Seit ich als Urlauberin einmal in Uganda war und

die Zustände gesehen habe, habe ich dort ein Patenkind. Das ist für mich mehr als nur eine Geste.«

Typische Erkennungszeichen:
- Du hast das Gefühl, mit allen auf einer bestimmten Ebene verbunden zu sein, sei es als Mitmenschen, Mitbewohner der Erde oder Teil des »Universums«.
- Deine Beziehungen sind von Vertrauen und Verständnis geprägt. Du bist sehr interessiert daran, andere so kennenzulernen, »wie sie wirklich sind«.
- Selbst anspruchsvollste Aufgaben erledigst du schnell und mühelos, allerdings fehlt dir für relativ »banale« Dinge manchmal das Interesse.
- Dein Wohlbefinden ist ziemlich unabhängig von den Umständen, insbesondere eine gewisse Spiritualität gibt dir viel Kraft und entspannt dich.

Effekt auf dich: Verbindend.
Wirkung: Sehr hoch.
Was anderen Macht über dich gibt: Der Appell an dein moralisches Ethos.
Das hilft dir jetzt: Mach es dir zur Gewohnheit, einmal am Tag für wenigstens fünf Minuten mit all deinen Aufgaben innezuhalten. Eine kurze Meditation, das stille oder hörbare Lesen eines anregenden Textes oder ein Gebet stärken die Verbindung zu dir selbst und zu deiner Spiritualität, je nachdem, wie du sie persönlich definierst. In verschiedenen Schriften findest du Vorlagen zur Inspiration, ebenso können entsprechende Apps eine Hilfe sein, diesen Bereich für dich zu entdecken.
Das bringt dich weiter: Nimm dir Zeit, dich mit Grundsatzfragen des Lebens auseinander zu setzen, auch wenn dein Alltag dafür nicht allzu viel Raum lässt. Hinterfrage anerzogene Annahmen, erweitere sie und finde deine eigenen Antworten, sei es in organisierter Form (zum Beispiel Yoga-Klasse, Retreat) oder

allein (zum Beispiel Lektüre von philosophischen und spirituellen Büchern). Du erweiterst damit nicht nur dein Weltbild, sondern verstehst deine Mitmenschen damit noch besser, und zwar ohne viele Worte und Erklärungen.

Stufe 7: Abgrenzung durch Distanzierung schafft Klarheit
Die maximale Distanzierung – sich komplett aus einer Situation herausnehmen und sie »wie von außen« zu betrachten – ist nur kurzzeitig möglich und wünschenswert. Immerhin ist bei völliger Abgrenzung auch keine Beziehung mehr möglich, das wäre über das Ziel hinausgeschossen. Sie ermöglicht dir aber, dich und andere ganz neutral zu beurteilen, deine Rolle zu überdenken und aus allen Optionen (Stufen 1 bis 6) diejenige auszuwählen, die dir für die jeweilige Situation am besten erscheint.

Beispielhafte Lebenssituationen sehen so aus:
- Die Controllerin, die sich aus bescheidenen Verhältnissen nach oben gearbeitet hat. Nach einer Krebserkrankung hat sie sich von einer Konzernkarriere verabschiedet. Sie bereist die Welt, hat ihre Ehe neu belebt und leistet ehrenamtliche Hospiz-Arbeit. »Manchmal kommt mir das ganze Leben wie ein Theater vor, in dem wir alle eine Rolle einnehmen und uns gegenseitig etwas vormachen.«
- Der Agenturchef, der seinen Umsatz innerhalb eines Jahres verdreifachen konnte, indem er die Kontrolle fast vollständig in die Hände seiner Angestellten legte. »Ich entscheide mich ganz bewusst, wie ich reagiere. Wenn ich mal einen Streit habe, ist das inszeniert, weil ich etwas damit erreichen will.« Er stellt nur noch Menschen an, die ihm fachlich überlegen sind und die ihn persönlich inspirieren.
- Der Verkaufsleiter, der führt, ohne überhaupt Anweisungen zu geben. Er kann sich ohne Mühe in die individuelle Situation seiner jeweiligen Mitarbeiter »einschwingen« und damit auf einer sehr persönlichen, kraftvollen Ebene

mit ihnen kommunizieren. »Ich finde es immer wieder spannend, die Leute dabei zu beobachten, wie sie ihre Rollen spielen und es oft nicht einmal merken.« Er motiviert nicht nur, er coacht und stärkt sie damit.

Typische Erkennungszeichen:
- Du bist dir bewusst, dass dein aktuelles Leben inklusive der Rolle, in der dich andere sehen, nur eine Option von vielen ist und dass du es jederzeit komplett ändern könntest.
- Du beobachtest aufmerksam, ohne beurteilen zu müssen, und lernst dadurch ständig etwas über deine Mitmenschen, ihr Verhalten und das Leben an sich.
- Auch anspruchsvollste Aufgaben erledigst du problemlos, klassische Karriereziele, Besitz und Status interessieren dich dagegen nicht mehr besonders.
- Dein Wohlbefinden ist sehr gut, weil du Körper, Geist und Seele als Einheit siehst und dich damit grundsätzlich um alle drei Aspekte von dir kümmerst.

Effekt auf dich: Distanzierend.
Wirkung: Maximal.
Was anderen Macht über dich gibt: Nichts.
Das hilft dir sofort: Mach dir bewusst, dass diese Perspektive von vielen Menschen nicht verstanden oder geteilt wird. Sie würden dich für kühl, distanziert oder abgehoben halten, weil ihre Lebenswirklichkeit von einem ganz anderen Blick geprägt ist. Beispiel: Ein Leben ohne emotionale Auseinandersetzungen (Stufe 2) wäre für sie gar nicht vorstellbar, für sie ist das »normal«. Spätere Lebenserfahrungen eröffnen ihnen den Weg, sich weiterzuentwickeln.
Das bringt dich weiter: Versuche gelegentlich, dich wieder in jede der genannten Stufen (1 bis 6) einzufühlen, indem du dich noch einmal an eine Situation in deinem Leben erinnerst, in der du so empfunden hast. Jede Stufe hat ihre Vor- und Nachteile

und ist das Beste, was der Person in diesem Moment möglich war. Du selbst hast die Möglichkeit, bewusst unter all diesen Optionen auszuwählen, je nachdem, was dir gerade für eine bestimmte Situation am sinnvollsten erscheint.

Das war die Übersicht über sieben Möglichkeiten, sich abzugrenzen, die sich in ihrer Perspektive unterscheiden. Je höher die Stufe, desto weniger anstrengend.

Auf welcher Stufe siehst du dich gerade?

Wo willst du in drei Monaten stehen?

Bei diesem Modell handelt es sich ausdrücklich nicht um feste – also angeborene oder anerzogene – Typen. Du bist also überhaupt nicht auf ein bestimmtes Verhalten festgelegt, sondern kannst dir jede Stufe erschließen, wenn du es für nützlich hälst. Meist ist das der Fall, wenn du feststellst, dass dir deine bisherigen Methoden nicht mehr genügt. Du erweiterst also sozusagen deinen Werkzeugkasten. Jeder kann sich immer wieder verändern. Manchmal braucht es dazu eine ordentliche Lebenskrise, dann wieder genügt ein Ratschlag, der überzeugt.

Die drei Phasen der Erkenntnis

Wer sein Leben verändern will, geht meist durch drei Phasen der Erkenntnis. Die erste Anstrengung gilt den anderen: Sie sollen sich ändern, etwa Partner, Kollegen oder Chefs, damit es besser ist. Das ist anstrengend, frustrierend und meist aussichtslos. Meist erreichst du nicht viel mehr, als dass du dich häufiger ärgerst und mit anderen streitest. Die zweite Anstrengung gilt den Umständen, die sich ändern sollen. Umzüge, Arbeits- und Partnerwechsel gehören zu dieser Strategie. Das kann funktionieren, aber vielfach kehren die Umstände immer wieder in neuem Gewand zurück. Erst im dritten Versuch gehen die meisten an, was anfangs tatsächlich mühsam, langfristig aber am effektivsten ist: sich selbst zu verändern. Sehr schnell hast du dadurch plötzlich andere Menschen um dich herum und bewegst dich fast automatisch in ein neues Umfeld.

Lass die Vergangenheit hinter dir

Manchmal muss man sich von Menschen und Ereignissen abgrenzen, die längst Geschichte sind. Du kannst dich von der Vergangenheit befreien, wenn du den Stolz auf das Erreichte und deine Lebensgeschichte entdeckst.

Wie oft hat man den altklugen Ratschlag gehört, dass man die Vergangenheit ruhen lassen solle. Was aber, wenn sie immer wieder ihr Haupt hebt und partout nicht liegen bleiben will?

Von manchen Menschen würde man am liebsten nie wieder in seinem Leben hören, manche Erlebnisse komplett vergessen. Und doch tauchen sie unvermeidlich immer wieder auf, sei es in der Realität oder nur noch in der Erinnerung. Sie sind die »Geschichten aus der Gruft« der eigenen Biografie: Zombies einer längst vergangenen Lebensphase, die einfach nicht totzukriegen sind. Aus den Augen, aber leider noch immer nicht aus dem Sinn!

Die Zeit allein heilt leider keine Wunden. Höchstens das, was man in dieser Zeit macht.

Mancher ist hier überkritisch: »Wenn die Zeit alle Wunden heilt: Wieso sehe ich dann jedes Jahr mehr Fältchen im Badezimmerspiegel und habe noch immer die Augenringe von der Love Parade 2006 im Gesicht?« Aber es stimmt, die Zeit heilt gar nichts, höchstens das, was man mit ihr macht. Da kann man noch so viele Räucherstäbchen, Rosenquarzkristalle und Harmonie-Mantren an die Front werfen, »von dir lass ich mir nicht länger das Herz-Chakra blockieren!« Am Ende muss man sich doch einmal tiefergehend mit sich selbst und seiner Vergangenheit beschäftigen.

Manche Menschen sind längst Vergangenheit, aber nie ganz verschwunden

In den vergangenen Kapiteln ging es vor allem um Grenzen, die du den Menschen um dich herum setzen kannst. Manche aber nerven, ärgern oder erschöpfen einen, obwohl man mit ihnen praktisch gar nichts mehr zu tun hat: ehemalige Partner, Chefs und Kollegen, auch Verwandte, die erst durch eine gewisse Altersmilde erträglich geworden sind. Diese Leute haben uns nicht nur geprägt, sondern gleichzeitig eingedellt. Da ist man längst auf der Sonnenseite des Lebens angekommen, aber irgendwie reichen ihre Schatten herüber. Wie wird man das endlich los?

Gefangen in alten Rollen

»Wenn ich mein Elternhaus beschreiben müsste, würde ich klar sagen, dass das ›schlechte Verhältnisse‹ waren«, sagte mir die Gründerin eines erfolgreichen Startups. »Meine Mutter war, wenn ich ehrlich bin, eine Alkoholikerin mit einer Menge Probleme. Ihre Partner wechselten ständig, die Wohnung war ein einziges Chaos. Einige Monate haben wir bei Kerzenschein gelebt, weil uns der Strom gesperrt worden war. Heute noch merke ich, dass ich mich für meine Herkunft schäme, und ertappe mich dabei, dass ich ständig zu viele Lebensmittel kaufe und in meiner Wohnung horte, nach dem Motto: Man weiß ja nie …«

Das Gefühl, in einer ungünstigen Rolle gefangen zu sein, beschleicht manchen häufiger als die Darsteller eines »Tatort«. Meist hat es mit dem persönlichen oder sozialen Hintergrund zu tun und verschwindet oft auch nicht, wenn sich der Erfolg längst eingestellt hat, man also nachweislich über seine Herkunft hinausgewachsen ist. Ein gelegentlicher Zweifel, schnell wieder überwunden, ist normal und unproblematisch, quälender Dauerzweifel aber ist es nicht.

Alle Leistungen können einen nicht überzeugen, wenn man an sich selbst zweifelt.

Die leitende Mitarbeiterin eines Automobilkonzerns, in einem Regionalbüro tätig, fürchtete sich geradezu vor Terminen in der Zentrale ihrer Firma: »Wenn ich dort durch unsere Büros gehe, komme ich mir ungelenk und provinziell vor«, meinte sie. »Alle anderen scheinen mir weltläufiger und professioneller als ich. Jeder sagt zwar, dass ich gut arbeite, und ist freundlich. Trotzdem kommen mir die Kollegen überlegen vor. Ich zwinge mich zu diesen Besuchen, weil sie wichtig für die Karriere sind. Aber sie erinnern mich daran, dass ich aus einer Arbeiterfamilie komme und alles erst sehr spät als Erwachsene gelernt habe, selbst, wie man sich richtig kleidet und benimmt.«

Ähnlich fühlte sich der leitende Angestellte eines Medienunternehmens, noch ein junger Mann: »Ich habe in den letzten Jahren ordentlich Karriere gemacht. Inzwischen treffe ich bei Veranstaltungen oft bekannte Persönlichkeiten aus Politik, Wirtschaft und Kultur und komme mir unter ihnen immer wie ein Hochstapler vor. Ich weiß nicht, wie man ›Smalltalk‹ macht, stehe mit meinem Glas herum und traue mich nicht, andere anzusprechen.« Er hatte seinen Studienabschluss erst auf dem zweiten Bildungsweg geschafft und war in einer Kleinstadt aufgewachsen. Beides erschien ihm als peinlicher Makel in seinem Lebenslauf.

Auch die erfolgreichsten Menschen der Welt mussten erst in ihre neue Rolle hineinwachsen.

Selbst die größten Stars haben mitunter ihre Zweifel. Schauspielerin und Model Isabella Rossellini erzählt in ihrer Biografie von der Party eines berühmten Fotografen, die sie gemeinsam mit ihrer Mutter, der legendären Schauspielerin Ingrid Bergman besuchte. Als weitere Gäste eintrafen, zog ihre Mutter sie aus dem Raum: »Das sind echte Models! Wir gehen besser.« Da war Rossellini bereits das gefeierte Gesicht einer Kosmetikmarke. Jeder muss erst in die neuen Rollen hineinwachsen, die sich aus dem eigenen Leben ergeben, und zu einem gewissen Grad auch daran gewöhnen, dass manches nun anders ist.

Authentisch geht es sich am leichtesten durchs Leben

Ein Weg, dich von der Vergangenheit mit all ihren Mängeln – perfekt war es nirgendwo und für keinen – abzugrenzen, ist, dich nicht mehr ständig zu hinterfragen. Es ist ein beliebtes Schlagwort unserer Zeit, dass man sich »neu erfinden« solle. Das ist bis zu einem gewissen Grad möglich, gleichzeitig bleibt deine Herkunft deine Basis. Akzeptiere sie nicht nur notgedrungen, sondern sei tatsächlich stolz auf deinen Lebensweg. Du ersparst dir damit nicht nur unnötige Selbstzweifel und selbst verursachte Hürden im Berufs- und Privatleben.

Du wirst damit auch zu einer Inspiration für andere, indem du das tust, was man »authentisch sein« nennt. Nimm Tina Turner als Beispiel. Keiner würde ihr vorwerfen, dass ihre erste Ehe gescheitert ist und sie hoch verschuldet in einem Karrieretief landete – jeder bewundert, dass sie sich aus all dem befreien konnte und dadurch erst zu der Legende wurde, die sie heute ist. Etwas Ähnliches ist auch dir absolut möglich.

- Sei stolz auf das, was du erreicht hast, und zwar sowohl auf deine berufliche wie persönliche Entwicklung. Vergleiche dich dabei nicht mit anderen, sondern mit dir selbst: Wo hast du einst angefangen, wo stehst du heute? Mancher hat auf der Abendschule mehr geleistet als der Absolvent einer Eliteuniversität.
- Schäme dich nicht deiner Herkunft, siehe sie stattdessen als den entscheidenden Teil deiner Biografie an: Sie hat dich möglicherweise am meisten dazu motiviert, mehr zu tun und zu leisten als andere. Ohne deine Herkunft wärst du wahrscheinlich nicht besser dran, sondern überhaupt nicht da, wo du jetzt bist.
- Beschäftige dich mit den Biografien prominenter Menschen, unterhalte dich aber auch mit erfolgreichen Menschen

in deinem Freundes-, Bekannten- und Kollegenkreis. Du wirst feststellen, dass viele ebenfalls beachtliche Hindernisse überwinden mussten, die in ihrer Herkunft wurzeln – nicht anders als du.
- Mach deinen Frieden mit den Aspekten deiner Herkunft, die du als schmerzlich, peinlich, unangenehm empfindest. Der wichtigste Schritt dazu ist, sie nicht weiter zu verdrängen oder zu verleugnen, sondern sich damit zu beschäftigen. Reise dafür zum Beispiel noch einmal an wichtige Orte, sprich mit Verwandten darüber.
- Wo du tatsächlich Nachholbedarf feststellst, kannst du fehlende formale oder andere Qualifikationen nachholen. Empfindest du dich als provinziell, reise mehr oder lerne eine Fremdsprache. Bist du unsicher wegen deines Auftretens, helfen Stilberatung, ein Gute-Manieren-Kurs, Sprach- oder Präsentationstrainer.
- Wenn du den Eindruck hast, dass deine Herkunft dich langfristig belastet und in wichtigen Aspekten deines Berufs- und Privatlebens zurückhält, weil du dich etwa bei Konferenzen und Veranstaltungen aus Unsicherheit oder Angst zurücknimmst, erwäge ein Coaching oder eine Therapie, um das schrittweise abzubauen.

Eine der inspirierendsten Personen, die ich beruflich kennengelernt habe, ist die Managerin eines großen Unternehmens, die mir erst nach vielen Jahren anvertraute, dass sie einst als einfache Sekretärin begonnen, ihren Abschluss später nachgeholt und sich über viele Jahre langsam nach oben gearbeitet hat. Sie war und ist erkennbar anders im Umgang mit ihren Mitarbeitern und Kollegen, pragmatischer, menschlicher, humorvoller. Wer beide Seiten des Lebens kennt, nimmt manches nicht mehr so ernst, gleichzeitig vieles ernster. Auch du musst nicht jedem alles über deine Geschichte erzählen, solltest sie selbst aber gut erforscht haben und kennen.

Verzeihen kostet dich einen hohen Preis, lohnt sich aber

Ein wesentlicher Schritt, sich von den Schatten der Vergangenheit zu verabschieden, ist, sich und anderen zu vergeben. Alle großen Weisheitslehrer inklusive dem großen deutschen Denker Wolfgang Petry haben hier etwas Ähnliches geraten: »Verlieben, verloren, vergessen, verzeih'n.«

Das sagt sich leicht daher, ist aber erstaunlich schwer: Vergeben ist der einseitige Verzicht auf etwas, das einem zusteht – Genugtuung, Schadenersatz, vielleicht sogar Rache. Dem anderen wenigstens noch einmal richtig die Meinung sagen, zurückschlagen, auf raffinierte Weise vergelten. Wer vergibt, tut aus freiem Willen nichts davon und muss noch davon ausgehen, dass die andere Person das als Schwäche belächelt, wenn sie überhaupt davon erfährt und es sie interessiert.

Auf Genugtuung zu verzichten ist ehrenhaft, erfordert aber große Selbstüberwindung.

Ein Bekannter war auch nach zehn Jahren noch nicht darüber hinweg, dass ihn sein Chef erst in eine ungeliebte Abteilung und dann ganz aus der Firma gedrängt hatte. Er schlug sich seitdem als freier Mitarbeiter durch und war phasenweise arbeitslos, ohne anderen davon zu erzählen. Um sich die Chance einer Rückkehr nicht zu verderben, zeigte er seine Enttäuschung und Wut nicht einmal offen, sondern gab sich seinem früheren Chef gegenüber geradezu als begeisterter Fan.

Eine Freundin hatte eine mehr als einjährige Beziehung mit einem Arbeitskollegen. Durch Zufall entdeckte sie, dass er gleichzeitig mit zwei weiteren Frauen – unverfrorener Weise sogar im selben Unternehmen – zusammen war. Nach einer wütenden Trennung verschickte sie Wut- und Warnbriefe an seinen Bekanntenkreis. Irgendwann setzte aber eine dumpfe Enttäuschung und Traurigkeit ein. Sie hatte tatsächlich eine gemeinsame Zukunft mit diesem Mann geplant.

Verzeihen beendet diese lange, ungesunde Bindung an Menschen, die höchstens noch eine ferne Erinnerung sein sollten. Wer nicht vergeben kann, leidet über Jahre unter einem Schmerz, dessen Anlass längst hinfällig geworden ist. Man hat vielleicht damals eine Stelle verloren, aber schon lange wieder eine andere gefunden. Man wurde vielleicht bei einer Beförderung übergangen, aber im Rückblick war das eigentlich gar kein Traumjob. Vergeben können erhöht also deine eigene Lebensqualität, ganz unabhängig von dem anderen.

Zugegeben, das kostet ein wenig Mühe und ist nicht ganz so entspannend wie auf Zalando nach dem letzten Schrei zu suchen. Da hat man sich schon in der Vergangenheit mit etwas herumgeärgert und muss es in der Gegenwart noch einmal tun. Alles hat ein Ende, nur der Frust hat zwei. Aber es lohnt sich, denn es ist dann das letzte Mal.

- Sei ehrlich zu dir selbst. Manche Enttäuschung war nur auszuhalten, indem du sie dir selbst kleingeredet hast: »So schlimm war es auch wieder nicht.« Gestehe dir zumindest jetzt deine wahren Gefühle ein: Was denkst du wirklich, wie sehr hat man dich verletzt, was hat sich verändert? Sprich darüber oder schreibe es auf.
- Es ist menschlich und verständlich, sich bei anderen über die Person zu beklagen, die an allem schuld ist. Doch damit belastest du nur deine Zuhörer, etwa deine Freunde, änderst aber nichts. Selbst das Gefühl der Entlastung hält nur kurz an. Drücke aus, was in dir vorgeht, anstatt über andere zu klagen oder zu schimpfen.
- Verzichte auf ausführliche Briefe oder vorwurfsvolle Monologe. Suche das Gespräch mit der Person, die dich verletzt hat, wenn es möglich ist. Aber eine knappe E-Mail oder einige persönliche Worte über dein Erleben damals genügen. Das schützt dich vor weiteren Verletzungen, und mehr ist dazu heute auch gar nicht mehr zu sagen.

- Wie beschrieben ist Vergeben eine einseitige Handlung: Du tust es für dich. Erwarte also nichts von deinem Gegenüber, auch wenn manchmal eine Entschuldigung oder ein Wort des Verständnisses kommt. Warte nicht darauf, sondern richte den Blick auf deine Zukunft: Wie soll es weitergehen unter den Umständen, wie sie nun sind?
- Widerstehe der Versuchung, der Person, die dich verletzt hat, jede schlechte Absicht und Böswilligkeit zu unterstellen. Vielleicht stimmt das. Heilsamer für dich ist aber der Versuch, den anderen mit einem liebevollen Blick zu sehen. Was, wenn er es damals nicht besser wusste oder sein Verhalten das Einzige war, das er anzubieten hatte?

Manche Erinnerung wünscht man sich ungefähr so sehr wie eine Regenfront über dem Karibikurlaub: Extrem ärgerlich, trotzdem hängt sie da grau und hässlich, verdirbt alle Pläne und selbstredend auch die Laune. Da hat man Karriere gemacht und fühlt sich, wenn ein Meeting ansteht, trotzdem wieder so unsicher und dumm wie damals in der Schule. Da hat man den passenden Partner gefunden und denkt trotzdem ständig an die Beziehungen zurück, bei denen alles schiefgegangen ist.

Dir steht ein Platz an der Sonne zu. Du gehörst nicht irgendwo in den dunklen Schatten.

Hans Christian Andersen erzählt in seinem Märchen »Der Schatten« von einem Mann, dessen Schatten so selbstbewusst wurde, dass dieser sich selbstständig machte und bald das Leben seines Besitzers komplett übernahm. Irgendwann behauptete er sogar, eigentlich der echte Mann zu sein: »Denke, mein Schatten ist verrückt geworden. Er glaubt, er wäre der Mensch und ich – denke dir nur –, ich wäre sein Schatten!« Das solltest du den Schatten in deinem Leben nie gestatten, der Platz in der Sonne gehört allein dir. Und wenn du Lust hast, trinkst du noch einen Mai Tai als »Prost« auf dich selbst dazu!

Sich an alles erinnern, dem anderen vergeben und nach vorn blicken befreit dich von negativen Bindungen der Vergangenheit und macht dich wieder frei für all das Gute, das auf dich wartet. Hoffe also nicht länger auf eine Entschuldigung, plane keinen Racheakt, der alles wieder aufwiegt, und hoffe nicht, dass es der anderen Person einmal ebenso schlecht geht wie dir damals. Wer anderen vergibt, zeigt Größe und handelt im besten Sinne für sich selbst und seine eigenen Interessen.

Gestalte dein Leben in guten ebenso wie in schlechten Zeiten

Es gibt viele Momente, in denen Menschen beschließen, ihr Leben zu verändern. Während einer Krise, etwa nach einer Krebsdiagnose, nach einer Entlassung oder Trennung. Wenn ein Zustand einfach nicht mehr auszuhalten ist, etwa jahrelange Überlastung in einer völlig unterbesetzten Abteilung bei höchst ehrgeizigen Zielen der Chefs. Oder auch aus einer Eingebung heraus: der plötzlichen Einsicht, dass es so nicht mehr weitergeht. Am häufigsten, aber auch am schwierigsten ist Veränderung inmitten einer Krise, am leichtesten, wenn man »eigentlich gar keine Probleme« hat. Wer gelernt hat, in guten Zeiten und ganz ohne Not etwas aktiv zu gestalten und vorzubereiten, hat nicht nur weniger Krisen. Er ist, wenn doch einmal eine kommt, auch darauf vorbereitet und kann sie deutlich verkürzen.

Wie es jetzt für dich weitergeht

Sich mehr abgrenzen, das sagt sich so leicht.
Wer wollte das nicht? Aber so lange nichts umgesetzt ist,
waren das alles nur unverbindliche Anregungen.
Diese Schritte helfen dir, wirklich einen Anfang zu machen.

Es gibt Momente im Leben, da muss man handeln. Da entscheidet jede Sekunde, da kann es kein »ich weiß nicht, ich muss jetzt noch mal überlegen« mehr geben. Das ist beispielsweise der Fall, wenn man nach jahrelanger Suche auf Ebay plötzlich einige Ersatzbirnen für die Ikea-Lampe entdeckt, die schon vor Ewigkeiten aus dem Programm ging, aber im eigenen Haushalt noch immer vor sich hin leuchtet, nur eben inzwischen halb durchgebrannt. Oder wenn man auf Tinder einen Kollegen erspäht, der in der Nähe wohnt, und sofort – als Erster – dessen Profil öffnen und blockieren muss, um den Blick auf das eigene mit allen Peinlichkeiten zu verhindern.

An solch einem Punkt ist unser Gespräch hier. Sich endlich mehr abgrenzen, das sagt sich so leicht dahin. Wer hat sich das nicht schon gewünscht? »Manche Ideen fand ich ganz gut«, hast du vielleicht gedacht und bei anderen, »für mich wäre das nichts«. Andere wussten sofort, auf wen sie die Empfehlungen anwenden wollten: »Das Geld für den Film mit dem Horrorclown konnte ich mir sparen. ›Es‹ arbeitet bei mir in der Firma.« Aber so lange noch nichts umgesetzt ist, sind das alles nur unverbindliche Anregungen. In diesem Kapitel findest du deshalb Schritte, die dir helfen sollen, den Anfang zu machen. Jeder kann zumindest einige davon umsetzen, probiere es aus.

Nachdenken kann man über vieles. Aber erst, wenn du auch handelst, ändert sich etwas.

Als Erstes möchte ich dir ausdrücklich bestätigen, was du mit Blick auf deine eigenen Herausforderungen wahrscheinlich bereits mehrfach gedacht hast: »So einfach ist das nicht!« Das stimmt, sich von anderen abzugrenzen ist oft sogar ziemlich kompliziert, verwirrend und anspruchsvoll, wie du auch an den Beispielen in den vorherigen Kapiteln gesehen hast. Dagegen kann es geradezu ein Vergnügen sein, ein Haus ohne Eigenkapital zu sanieren, die verpfuschte letzte Staffel von »Game of Thrones« noch einmal komplett anzusehen oder Chinesisch zu lernen, weil das doch für den Job angeblich so sinnvoll ist. Grenzen zu setzen fordert dich, wenn du es noch nicht gewohnt bist, ordentlich heraus, aber übrigens auch diejenigen, denen du nun eine Grenze setzt. Denn du bist jetzt nicht mehr so angenehm pflegeleicht.

Stresse dich nicht, du erlebst den absoluten Normalfall

Mach dir keine großen Gedanken oder gar Vorwürfe, dass du dich überhaupt mit diesem Thema beschäftigen »musst«. In vielen Karriere- und Führungskräfte-Ratgebern sieht das Leben wohlgeordnet und einfach aus. Da sitzt der Chef im frisch gebügelten Anzug – alternativ die Chefin im Kostüm – am Schreibtisch, das Team an den seinen, und jeder kann sich ganz der Aufgabe widmen, »unternehmerische Ziele zu erreichen«.

In der Realität ist alles kompliziert. Vielleicht hat die Abteilungsleiterin ein krankes Kind oder einen Freund zu Hause, der von ihren Überstunden genervt ist. Der Teamleiter versorgt eine pflegebedürftige Mutter, die jeden Tag besucht werden muss, aber eine Stunde entfernt wohnt. Die Sekretärin ist in Gedanken bei ihrem Mann, der arbeitslos ist. Das Geld ist knapp, nun strauchelt noch der Sohn in der Schule. Jeder muss sich abgrenzen, allein schon, um seine Arbeit erledigen zu können.

Immer der falsche Moment

Gleiches gilt für Ereignisse, die eigentlich wunderbar sind, aber zum falschen Zeitpunkt kommen. Da wird vielleicht die Partnerin exakt in dem Moment schwanger, in dem der andere befördert wurde und umziehen müsste. Das gerade auf Kredit gekaufte Haus steht nun plötzlich in der falschen Stadt. Auch hier gilt: nicht perfekt, passiert aber ständig.

Meine Schwester bekam ihr erstes Baby viel zu früh in der 25. Woche, als ihr Mann noch für mehrere Monate im Ausland war und nicht schnell zu ihr kommen konnte. Während einer Routineuntersuchung entschied der Arzt, dass es nun soweit sei. Sie eilte noch heim, eine Stunde einfache Fahrt, brachte ihre Hunde bei einer Nachbarin unter und fuhr mit gepackter Tasche zurück. Die Suche nach einer größeren Wohnung und der Umzug, für später geplant, fanden nun parallel statt, während sie in der Klinik lag. Am Ende hat alles funktioniert, Mutter und Kind sind wohlauf.

Dummerweise treten Probleme immer dann auf, wenn man es gerade gar nicht gebrauchen kann.

Wenn du die Prioritäten erkennst

Wenn wir müssen, geht erstaunlich viel, weil wir uns nicht mehr verzetteln. Wir erkennen klarer als im normalen Alltag, wenn alles reibungslos läuft, was wirklich wichtig ist. Das ist auch die größte Chance jeder Krise, auch wenn man das oft erst im Rückblick wahrnimmt: neu zu sehen, wer und was Priorität hat, also entscheidend für das eigene Leben ist. So schmerzhaft eine Krise also auch ist und so sehr man sie vermeiden will, hat sie doch immer ihren Wert: Sie zeigt uns mit absoluter Klarheit auf, was wir können und was wir wirklich wollen.

Du brauchst dich überhaupt nicht lange mit Selbstkritik aufhalten oder gleich ganz den Mut verlieren. Was du erlebst, ist kein persönliches Versagen oder ein Fluch des Schicksals, sondern ganz normal. Möglicherweise haben deine Vorgesetzten oder Kollegen nie über ihre Sorgen und ihre eigenen Lebensgeschichten gesprochen. Aber du kannst davon ausgehen, dass sie ähnliche Probleme umtreiben und andere bereits gelöst haben. Belaste dich selbst also nicht unnötig mit Schuldgefühlen oder Scham, übernimm lieber die Führung in eigener Sache.

Finde heraus, wie sehr du wirklich belastet bist

In anstrengenden Zeiten hast du wahrscheinlich auch schon über andere geklagt, die es dir schwermachen: »Der macht mich noch fertig!«, »Die könnte ich auf den Mond schießen!« Manche arbeiten 14-Stunden-Tage, weil ihr Chef immer einen neuen Notfall hat, und stellen irgendwann fest, dass der Ehepartner schon vor Wochen ausgezogen ist, sie es aber erst dann bemerkt haben, als der Kühlschrank plötzlich leer war. Andere haben sich unbemerkt zum Stressball der ganzen Familie gemacht: »Probleme? Dafür bin ich doch da! Immer her mit allen Ärgernissen.«

Einmal den Alltag protokollieren

Ermittle einmal objektiv, wie belastet du bist und was die Hauptursachen dafür sind. Eine praktische Methode ist, eine Woche lang in 15-Minuten-Schritten zu notieren, was du jeden Tag gemacht hast, beispielsweise in einer Google-Tabelle, auf die du auch unterwegs vom Handy aus zugreifen kannst. Sortiere die Aktivitäten nach Themen wie Arbeit, Berufsweg, Sport, Familie, Freunde, Schlaf und addiere sie am Ende der Woche. Das gibt dir einen Überblick, wie dein Alltag aussieht, wie viel du für andere machst und was für dich selbst überhaupt noch bleibt. Nicht selten ist das eindeutig zu wenig, also: Abgrenzungsbedarf.

Ich besuchte vor einiger Zeit einen Freund, der gerade eine schwierige Phase mit seiner Freundin hatte und zudem Vater geworden war. Zum Ende des Abends bestand er darauf, mich mit dem Auto zur Haltestelle zu fahren, die keine zehn Minuten zu Fuß entfernt war. Ich wunderte mich darüber, so gefährlich war die Gegend auch nicht. Doch im Auto sagte er mir: »Ich musste einfach mal raus von zu Hause, ich habe keine Viertelstunde für mich!«

Regelmäßig eine Viertelstunde nur für sich selbst zu finden ist für viele schon ein Erfolg.

Erkennen, wer dich belastet

Das führt zur nächsten heiklen Frage: Von wem willst du dich abgrenzen? Mancher kann gar nichts dafür, dass er zur Belastung für dich geworden ist, beispielsweise ein erkrankter Verwandter. Hier wird es für dich vor allem darum gehen, sich mit der Situation zu arrangieren, dir aber mehr Freiräume zur Erholung zu schaffen, beispielsweise einen freien Tag pro Woche, an dem eine Haushaltshilfe oder ein anderer Angehöriger einspringt.

In anderen Fällen ist jemand schuld, der weiß, was er da tut. Hier gehört zum Abgrenzen die Bereitschaft, jemandem bei Bedarf auch einmal wehzutun. Man versucht selbstverständlich, sich einvernehmlich zu einigen, aber manchmal ist das unmöglich. Nicht anders als bei einer privaten Trennung: Man kann sich erklären und versuchen, seinem Gegenüber zu helfen. Irgendwann ist aber alles gesagt, und eine Seite wird trotzdem nie ganz überzeugt sein.

Alle glücklich zu machen gehört zur Stellenbeschreibung

Nichts ist für ewig. Auch nicht, dass jemand mal sauer ist, weil du eine andere Meinung hast.

des Weihnachtsmannes, aber nicht zu deiner. Grenzen zu setzen ist manchmal unangenehm, schmerzhaft oder peinlich, das sollte dich nicht abhalten. Mittelfristig kann sowieso alles wieder anders aussehen. Ein Freund nahm seinen Sport so ernst, dass er sich regelmäßig mit seinen Wettkampfpartnern auch privat zerstritt. Als er älter war, war er es, der als Trainer andere versöhnte.. Selbst die Angry Birds sind, wenn die Schlacht erst einmal geschlagen ist, die besten Kumpels.

Blicke zurück, seit wann du bereits überlastet bist
Überlege als Nächstes, seit wann du dich von anderen überlastet fühlst. Oft sagt man unüberlegt, »Im Moment ist gerade viel los«, und erklärt es mit den aktuellen Projekten und Problemen, die es natürlich immer gibt. Wann aber hattest du deine letzte Phase, in der du mehrere Monate oder sogar Jahre lang entspannt warst und das Gefühl hattest, dass dich dein Alltag eigentlich nicht besonders viel Mühe kostet? Falls es zu einer Zeit war, als es im Fernsehen noch einen nächtlichen Sendeschluss gab, liegt es definitiv zu lange zurück. Zeit für ein paar neue Programme!

Man kann alles schönreden.
Man sollte es nur am Ende nicht
auch noch selbst glauben.

Eine Freundin – langjährige Konzernkarriere, getrennt lebend, nun glücklich mit zwei Katzen und einer Meditations-App – zählte mir kürzlich ihre beruflichen Stationen auf. »Da bin ich zweimal bewusstlos geworden«, sagte sie über dieses Unternehmen, »und da war ich einmal so fertig, dass ich in einer Konferenz Nasenbluten bekam« über jenes. Dabei lächelte sie versonnen, so wie man sich an eine leidenschaftliche SM-Beziehung erinnert: Ja, es war schmerzhaft und hätte tödlich enden können, aber aufregend war es! Da kann man natürlich noch so viele Achtsamkeitskurse gegen das chronisch zuckende Augenlid belegen und sich über das solide gefüllte Bankkonto freuen: Hier ist eine Grenze überschritten.

Lebensplanung überdenken
Bei manchem ist das gesamte Erwachsenenleben hindurch nur Stress angesagt, und das ist kein Zufall mehr. Ein Projektmana-

ger, Mitte 40, sagte mir in seinem Coaching: »Ich habe zuletzt im ersten Studienjahr entspannt gelebt.« In diesem Fall hilft es dir am meisten, deine grundsätzliche Perspektive auf das Leben und auf andere zu überdenken. Vergleiche dazu die verschiedenen Stufen der Abgrenzung und was dort für dich empfohlen wird.

Abgrenzung ist immer auch eine Zeitfrage: Wie lang kann ich es mir leisten, nicht den Mund aufzumachen? Eine Managerin, die ich gecoacht habe, saß in einem Job fest, den sie schon ewig aufgeben wollte, da er frustrierend und nicht einmal besonders gut bezahlt war. Ihr Mann verdiente allerdings seit mehr als zehn Jahren kein eigenes Geld, weil er sich seitdem als Musiker versuchte, bisher erfolglos. Die finanzielle Verantwortung, auch für die Kinder, lag bei seiner Frau und hielt sie davon ab, einen Wechsel zu riskieren. Die ersten Monate hatte sie das akzeptabel gefunden, sich aber die Jahre danach gescheut, das überhaupt zu thematisieren, geschweige denn zu klären. Es war *ihr* peinlich, nicht etwa ihm.

Plane mit Reserven. Dann kannst du sicherer sein, dass dein Plan auch aufgeht.

Schätze daher sehr konservativ ab: Wie lange wird die Situation mindestens andauern, was muss ich in dieser Zeit wirklich leisten, und was kann ich verändern? Aushalten ist meist eine Option, wenn es um einige Monaten bis ein Jahr geht, längere Zeiträume erfordern aktives Handeln. Schon allein, um deine eigene Belastung überschau- und tragbar zu machen.

Verschwende keine Energie mehr für sinnlose Konflikte

Eine der beliebtesten Extremsportarten, mit der du ebenfalls viel Energie verschwenden kannst, ist es, andere umziehen zu wollen: Man weiß schon vorab, dass es anstrengend ist und irgendwann schiefgehen wird, versucht es aber trotzdem immer wieder.

Wenn du Kinder hast, ist dir wahrscheinlich klar, dass das selbst bei Zehnjährigen kaum mehr funktioniert. Umso weniger funktioniert es bei Chefs, Partnern, Freunden, Kollegen und Nachbarn, die ja allesamt selbst davon überzeugt sind, das Richtige zu tun. Spar dir also die Mühe. Gegen diesen Versuch leistet Sisyphus aus der griechischen Sage, der seinen Felsbrocken auf ewig einen Berg hinaufwälzen muss, um ihn doch vor dem Gipfel immer wieder herunterrollen zu sehen, geradezu sinnvolle Arbeit.

Achte nicht nur auf Meinungen, sondern vor allem darauf, von wem sie kommen.

Gleiches gilt für die Angewohnheit, ständig sich selbst und andere zu kritisieren. Auch das kannst du dir sparen und damit jeden Tag sinnlose Auseinandersetzungen: Streitereien auf Facebook oder Twitter, Rechtfertigungen gegenüber Leuten, die dir völlig egal sein könnten, überhaupt eine Auseinandersetzung mit unqualifizierten Meinungen aller Art.

Manchmal wünschte ich mir, ich hätte die Zeit, mich mit Freunden und Fremden im Internet über Dinge zu streiten, auf die wir beide keinen Einfluss haben. Aber man muss Prioritäten setzen können. Suche dir bei Bedarf qualifiziertes Feedback von Menschen, auf die du Wert legst, weil sie etwas von der Sache verstehen und du ihnen vertraust. Du fragst ja auch nicht den Zahnarzt nach einem neuen Haarschnitt, die Kfz-Werkstatt nach frischem Brot und den Nachbarn nach Steuertipps – dann lass auch sonst nicht jeden mitreden. Frag Experten.

Werde selbst, wenn du entspannter leben willst, zum interessierten Beobachter, der sich nicht zu jedem und allem positionieren muss. So vergeudest du keine Energie, lernst etwas dazu und verbesserst nebenbei deine beruflichen und persönlichen Beziehungen. Denn, ganz ehrlich, wer will auf Dauer wirklich etwas mit jemandem zu tun haben, der ständig nur nörgelt, kritisiert und sich beschwert? Das ist wie Rülpsen in der Öffentlichkeit: eine Erleichterung für einen, eine Belästigung für alle anderen.

Aus manchen Umgebungen muss man sich ganz zurückziehen, weil sie zu viel Kraft rauben: Räume, die vollgestopft, hektisch und ungeordnet sind, in denen Kritik, Verächtlichkeit und Chaos an der Tagesordnung sind und in denen du dich verstellen musst, um akzeptiert zu werden. Manche Arbeitsplätze und Wohnungen lösen geradezu körperliches Unwohlsein aus, wenn man sie betritt. Einige Zeit muss jeder derartige Situationen aushalten, aber mittelfristig solltest du deine Aufmerksamkeit darauf richten, woanders hinzugehen. Das kann ganz praktisch heißen: Koffer packen und weg, beruflich oder privat, und woanders weitermachen.

Jeder muss mal etwas Unangenehmes aushalten. Aber das sollte kein Dauerzustand sein.

Selbstsicherheit im Auftreten kannst du trainieren

Möglicherweise hast du in der Vergangenheit, wenn du anderen Grenzen aufzeigen wolltest, ein Gefühl der Machtlosigkeit gespürt: Angst, etwas zu sagen, sogar starke Reaktionen wie eine versagende Stimme oder Zittern am ganzen Körper. Bis zu einem gewissen Grad kannst du in Rollenspielen üben, selbstsicherer aufzutreten. Hilft das nicht innerhalb einiger Monate, scheue dich nicht, Coaching oder Therapie für ein stärkeres Selbstbewusstsein zu nutzen. Der Gewinn an Chancen und Lebensqualität lohnt das auf jeden Fall.

Wer sich schwertut, sich abzugrenzen, hat das oft als Kind so gelernt: dass man es sich zum Beispiel erst verdienen muss, dass die eigenen Bedürfnisse anerkannt werden oder man erst Wünsche haben darf, wenn alle Probleme der anderen gelöst sind, was natürlich nie der Fall ist. Als Erwachsener darfst du so etwas für dich infrage stellen. Ein guter Ansatz dafür ist, sich mehr mit deiner eigenen Biografie und Prägung zu beschäftigen. »Sie können mir nicht befehlen, mit dem Träumen aufzuhören«, war sich sogar Aschenputtel sehr früh sicher, und die hatte mit einer Menge familiärer Probleme zu kämpfen.

Eigene Stärke erleben

Eine hervorragende Möglichkeit, das Gefühl von Macht zu erleben und zu trainieren, ist Sport. Wer beim Kickboxtraining einmal gelernt hat, jemandem gezielt einen ordentlichen Schlag zu verpassen, oder beim Brazilian Jiu Jitsu regelmäßig einen Gegner auf die Matte wirft, scheut sich nicht mehr vor einer verbalen Auseinandersetzung. Ebenso sind auch alle Mannschaftssportarten eine gute Chance, sich mit sich selbst auseinanderzusetzen. Wer seine körperliche und mentale Kraft einmal kennengelernt hat, zeigt sie auch. Und andere sehen das, keine Sorge.

An einer kraftvollen Sprache erkennt man den kraftvollen Menschen. Du kannst das üben.

Gewöhne dir dabei auch eine kraftvolle, selbstbestimmte Sprache an. Halte dich nicht ewig mit Ich-Aussagen zu deinem Gefühlsleben auf, wenn du etwas klären musst, auch wenn das eine Zeitlang empfohlen wurde: »Das finde ich nicht gut…«, »Das hat mich jetzt geärgert…« Mitgefühl bringt dich nicht weit, wenn du Pech hast, gerätst du an jemanden, der das nicht nur komplett ignoriert, sondern auch noch als Schwäche ausnutzt. Sag besser höflich, aber unmissverständlich, was du willst und erwartest. Die nötigen Sätze klingen ungefähr so:

- »Das mache ich nicht mehr mit.«
- »So lasse ich mich nicht behandeln.«
- »Ich werde dir nicht mehr ständig helfen.«
- »Suche dir dafür bitte jemand anderen.«
- »Das kannst du sehr gut allein, da bin ich sicher.«
- »Du hast dich lange genug auf mich verlassen.«
- »Das werden wir in Zukunft anders machen.«
- »Dafür stehe ich nicht zur Verfügung.«

Denke dabei immer daran, dass du nicht allein bist. Du kannst dir, je nach Situation, professionelle und private Unterstützer suchen, die dir das Leben leichter machen. Erwähnt habe ich Coaches und Therapeuten, manche Beziehung erfordert auch, dass du einen Sucht- oder Schuldenberater einschaltest, andere einen rechtlichen Betreuer, Anwalt oder Organisator. Manchmal macht bereits eine gute Freundin, die einmal eine Erledigung übernimmt, oder ein Nachbar, der sich bei Bedarf um die Kinder kümmert, einen enormen Unterschied in deinem Leben. Scheue dich nicht, dir helfen zu lassen, du musst und solltest nicht glauben, dass du jedes Problem allein lösen musst.

Erlaube dir ruhig manchmal ein bisschen Sentimentalität. Danach aber geht es weiter mit frischer Kraft.

Ein bisschen Selbstmitleid ist gelegentlich in Ordnung: »Mein inneres Kind braucht jetzt mal eine kräftige Umarmung!« Manchmal reichen schon ein Stückchen Schokolade, eine kitschige Filmkomödie oder ein Skype-Stündchen mit dem besten Freund. Meinetwegen auch mal wieder im Herzschmerz-Klassiker »Der kleine Prinz« – »man sieht nur mit dem Herzen gut« – blättern, dabei aber nicht übersehen, dass der Gute ein bisschen depressiv war und sich deshalb nur begrenzt als Rollenmodell eignet, wenn er auch so schön von Stern zu Stern flog.

Zum Schluss möchte ich dich dazu ermutigen, geduldig mit dir selbst zu sein. Es braucht Zeit, sich selbst und seine Beziehungen zu verändern. In diesem Buch hast du viele Empfehlungen gefunden und wirst ohne großes Nachdenken diejenigen auswählen, die für dich sinnvoll sind, und dich an diejenigen erinnern, die später einmal hilfreich sein werden. Stress dich also überhaupt nicht, dass du nicht alle Informationen sofort aufnehmen konntest. Gelegentliche Rückschläge gehören dazu, sollten dich aber nicht aufhalten. Mach einfach immer dort weiter, wo du auf deinem Weg in ein selbstbestimmtes Leben gerade bist, wo du selbst deine Grenzen festlegst.

Du veränderst dich, auch wenn es dir selbst erst gar nicht auffällt

Einem Freund fiel kürzlich wieder ein, dass sein Internet-Tagebuch von 2003 bis 2007 noch online stand, das er damals fast täglich geführt hatte. Beim Nachlesen zeigte sich, in wie vielen Punkten er heute exakt das Gegenteil von damals denkt, von kleinen alltäglichen Vorlieben bis zu scheinbar grundlegenden Überzeugungen. Ein Sozialforscher sagte mir einmal, dass die meisten Menschen die Haltbarkeit ihrer Ansichten deutlich überschätzen. Es wäre ein Irrtum, dass sie bei Erwachsenen konstant blieben, sozusagen ausgereift. Man müsse sich nur einmal die »Arschgeweih«-Tätowierungen anschauen, das schien ja auch einmal eine gute Idee. Blicke deshalb selbst gelegentlich zurück, um zu sehen, wie weit du schon gekommen bist und was für ein Mensch du heute bist. Du veränderst dich, auch wenn es dir im Alltag nicht immer bewusst ist.

Du schaffst das

Vielleicht hast du in den letzten Jahren schon eine Million Selbsthilfebücher gelesen, einige davon länger als das Alte Testament, dafür weniger unterhaltsam. Unvergessen sind Klassiker wie »Denke nach und werde müde«, »Sorge dich nicht, schlafe«, »Die Kraft des positiven Trinkens« und »Wünsche an die Schwiegereltern«. Ich hoffe, du fügst dieses Buch deiner Sammlung mit einem Lächeln hinzu: War lustig, aber ich habe auch was gelernt.

Eine repräsentative Umfrage in meinem Bekanntenkreis, streng wissenschaftlich durchgeführt, hat ergeben: Neun von zehn Deutschen können sich sehr gut vorstellen, häufiger »Du kannst mich mal!« zu sagen. Eine ebenso deutliche Mehrheit ist überzeugt: Wenn sich jeder zuerst einmal um sich selbst kümmert, ist an die meisten bereits gedacht.

Du kannst ein guter Mensch sein und gleichzeitig anderen Grenzen setzen.

Dann bist du auch gut zu dir selbst.

Literaturempfehlungen

De Shazer, Steve:
Mehr als ein Wunder: Die Kunst der lösungsorientierten Kurzzeittherapie
Carl-Auer Verlag

Fux, Caroline und Bendel-Zgraggen, Joseph:
Das Paar-Date: miteinander über alles reden
Beobachter-Edition

Schuller, Robert H.:
Aus Tränen werden Edelsteine: Leid und Schmerz überwinden
Gerth Medien

Stahl, Stefanie:
Jeder ist beziehungsfähig: Der goldene Weg zwischen Freiheit und Nähe
Kailash

Wehrle, Martin:
Die 100 besten Coaching-Übungen
Manager Seminare Verlag

Bücher aus dem Gräfe und Unzer Verlag

Engelbrecht, Sigrid:
Ich! Drei Buchstaben, die ihr Leben verändern

Kunze, Petra:
Nein sagen. Mein Übungsbuch für mehr Selbstbewusstsein und Freiheit

Neuberger-Schmidt, Maria:
Kindern liebevoll Grenzen setzen

Schweppe, Ronald und Long, Aljoscha:
Loslassen. Mein Übungsbuch für mehr Unabhängigkeit und Lebensfreude

Senftleben, Ralf:
Entdecke deine Willenskraft

Stange, Nicole:
Wie man mit Männern spricht

MEHR ENERGIE, MEHR WOHLBEFINDEN!

ISBN 978-3-8338-6170-3

ISBN 978-3-8338-7020-0

ISBN 978-3-8338-6961-7

ISBN 978-3-8338-7116-0

 Auch als eBook erhältlich.

Mehr von GU auf **www.gu.de** und facebook.com/gu.verlag

IMPRESSUM

© 2020 GRÄFE UND UNZER
VERLAG GmbH, München

Alle Rechte vorbehalten. Nachdruck, auch auszugsweise, sowie Verbreitung durch Bild, Funk, Fernsehen und Internet, durch fotomechanische Wiedergabe, Tonträger und Datenverarbeitungssysteme jeder Art nur mit schriftlicher Genehmigung des Verlages.

Projektleitung: Anja Schmidt

Lektorat: Anne Nordmann

Umschlaggestaltung:
ki36, Editorial Design, München, Bettina Stickel

Layout: Independent Medien-Design, Horst Moser, München

Coverillustration: Neguvora/shutterstock

Herstellung: Markus Plötz

Satz: Uhl + Massopust, Aalen

Repro: Ludwig Media, Zell am See

Druck und Bindung:
C. H. Beck, Nördlingen

ISBN 978-3-8338-7114-6

1. Auflage 2020

Syndication:
www.seasons.agency

 www.facebook.com/gu.verlag

LIEBE LESERINNEN UND LESER,

wir wollen Ihnen mit diesem Buch Informationen und Anregungen geben, um Ihnen das Leben zu erleichtern oder Sie zu inspirieren, Neues auszuprobieren. Wir achten bei der Erstellung unserer Bücher auf Aktualität und stellen höchste Ansprüche an Inhalt und Gestaltung. Alle Anleitungen und Rezepte werden von unseren Autoren, jeweils Experten auf ihren Gebieten, gewissenhaft erstellt und von unseren Redakteuren/innen mit größter Sorgfalt ausgewählt und geprüft.

Haben wir Ihre Erwartungen erfüllt? Sind Sie mit diesem Buch und seinen Inhalten zufrieden? Haben Sie weitere Fragen zu diesem Thema? Wir freuen uns auf Ihre Rückmeldung, auf Lob, Kritik und Anregungen, damit wir für Sie immer besser werden können. Und wir freuen uns, wenn Sie diesen Titel weiterempfehlen, in Ihrem Freundeskreis oder bei Ihrem online-Kauf.

Sollten wir Ihre Erwartungen so gar nicht erfüllt haben, tauschen wir Ihnen Ihr Buch jederzeit gegen ein gleichwertiges zum gleichen oder ähnlichen Thema um.

KONTAKT
GRÄFE UND UNZER VERLAG
Leserservice
Postfach 86 03 13
81630 München
E-Mail: leserservice@graefe-und-unzer.de
Telefon: 00800 / 72 37 33 33*
Telefax: 00800 / 50 12 05 44*
Mo-Do: 9.00-17.00 Uhr
Fr: 9.00-16.00 Uhr (*gebührenfrei in D,A,CH)

GRÄFE UND UNZER

Ein Unternehmen der
GANSKE VERLAGSGRUPPE